Trudi Birger mit Jeffrey M. Green

Im Angesicht des Feuers

SERIE PIPER

Zu diesem Buch

Geboren in Frankfurt als Tochter aus gutem Hause, ist Trudis behütete Kindheit 1933 zu Ende. Nach Memel und dann nach Litauen flieht ihre Familie, doch 1941 wird sie von den Nazis eingeholt. Bis 1943 leben die Simons im Getto Kowno, wo Trudis Vater bei einer verzweifelten Rettungsaktion jüdischer Kinder erschossen wird. Um so enger wird das Band zwischen dem jungen Mädchen und seiner Mutter, als beide nach Auflösung des Gettos ins KZ Stutthof in der Nähe von Danzig geschickt werden. Mit selbstlosen Manövern gelingt es Trudi immer wieder, ihrer Mutter das Leben zu retten. In ihrer Lebensgeschichte erzählt sie, wie sie mit Mut und ungeheurem Selbstbehauptungswillen die Hölle des Konzentrationslagers überlebt hat. Die Plastizität und Anschaulichkeit, mit der ihr Schicksal dem Leser nahegebracht wird, hebt dieses Buch über viele andere Schilderungen des Holocaust hinaus.

Trudi Birger, geboren in Frankfurt, ist verheiratet und lebt heute in Jerusalem. Unabhängig von der Nationalität setzt sie sich für die ärmsten Kinder in Jerusalem ein. Sie übernahm die Patenschaft für 50 bedürftige Familien mit 500 Kindern, denen sie eine gute Ausbildung ermöglichte. In der 1980 von ihr gegründeten Zahnklinik, in der Zahnärzte aus aller Welt ehrenamtlich arbeiten, werden sowohl jüdische als auch palästinensische Kinder kostenlos behandelt. Trudi Birgers Buch »Im Angesicht des Feuers« wurde in dreizehn Ländern veröffentlicht.

Trudi Birger
mit Jeffrey M. Green
Im Angesicht des Feuers

Wie ich der Hölle des Konzentrationslagers entkam

Nachwort von Jeffrey M. Green

Aus dem Englischen von
Christian Spiel

Piper München Zürich

Ungekürzte Taschenbuchausgabe
August 2002

Umschlag/Bildredaktion: Büro Hamburg
Isabel Bünermann, Julia Martinez, Charlotte Wippermann
Umschlagfotos: Archiv der Autorin
Gesamtherstellung: Clausen & Bosse, Leck
Printed in Germany ISBN 3-492-23599-9

www.piper.de

INHALT

Dieses Buch ist meinem lieben Mann Zeev gewidmet, der seit langem in allen Lebenslagen mein treuer Gefährte ist; meinem ältesten Sohn Doron, der mir oft Fragen nach meiner schrecklichen Vergangenheit in den Lagern gestellt hat, und seiner Frau Aja; meinem zweiten Sohn Oded, der mir immer Solidarität bewiesen hat wenn ich gelitten habe, und seiner Frau Nurit; und meinem jüngsten Sohn Gili, der sich meine Geschichte mit besonderem Interesse und viel Einfühlungsvermögen angehört hat, und seiner Frau Diti.

Meine Söhne haben nie ihren Großvater mütterlicherseits gekannt, der im Getto von Kowno getötet wurde, weil er versuchte, im Haus des jüdischen Komitees eine Gruppe Kinder zu verstecken, und sie kannten auch Zeevs Eltern und seinen Bruder nicht, die alle drei von den Nazis umgebracht wurden. Das vorliegende Buch habe ich geschrieben, um ihr Andenken zu ehren.

Schließlich ist es auch meinen wunderbaren Enkeln Adi, Eran, Ori, Tal, Liron, Shachar, Shir, Tamar und Noa gewidmet. Ich bin dankbar, erleben zu dürfen, daß meine Geschichte an künftige Generationen weitergegeben wird. Meine lieben Enkel, möge dieses Buch, wenn ihr alt genug seid, es zu lesen und zu verstehen, die Erinnerung an eure Großeltern und an die Millionen anderer Juden lebendig erhalten, die diese Schreckenszeit durchgemacht haben und von denen die meisten nicht das Glück hatten, sie zu überleben.

Ich bin meinem Mitautor Jeffrey Green für seine Sensibilität und die Gabe des Verstehens dankbar, die er für meinen Holocaustbericht bewies. In den vergangenen vierzig Jahren bin ich nie einem Menschen, der kein Holocaustopfer war, begegnet, mit dem ich so frei und ungezwungen sprechen konnte. Jeffrey hörte mir ungezählte Stunden zu und verstand mich in allem. Es gab viele bewegende Augenblicke für ihn, in denen ihm Tränen in die Augen traten und Trauer aus seinem bleich gewordenen Gesicht sprach. Wir mußten dann unser Gespräch unterbrechen, und oft fiel es uns schwer, es wiederaufzunehmen. Jeffrey versuchte manchmal, mich mit Fragen zu verschonen, die weh taten. Aber ich bat ihn dann, mich nicht zu sensibel zu behandeln. Das war die einzige Möglichkeit, das vorliegende Buch zu schreiben. Die langen Monate, in denen ich es zusammen mit ihm verfaßte, gehören zu den größten Erlebnissen meines Lebens. Ich hoffe, daß mein Bericht von Kindern und von Erwachsenen gelesen wird, damit niemand auf der Welt das grauenvolle Schicksal der sechs Millionen unschuldiger Juden vergessen kann, denen es nicht vergönnt war, die Verfolgung zu überleben. Immer wieder stelle ich mir die Frage: Wo blieb die Gerechtigkeit?

Trudi Birger

1. Kapitel *Auf mich allein gestellt*

Meine Mutter und ich rückten in der langen, ungeordneten Reihe stummer Frauen zögernd Schritt für Schritt vorwärts. Wir waren an diesem Morgen zwei einsame Geschöpfe unter Hunderten, vielleicht Tausenden von Frauen – wie viele von dieser ungeheuren Zahl hatten sie bisher wohl schon »behandelt«? – auf einem feindseligen, offenen Gelände, mit abgelegten Kleidungsstükken anderer Leute am Leib, derben Holzpantinen an den Füßen und mit Gesichtern, ausdruckslos vor Furcht. Hier war kein Lächeln zu sehen, kein Aufblitzen des Wiedererkennens, kein aufmunterndes Nicken, nichts außer dumpfer, tiefer Angst. Die meisten der Frauen blickten hinab auf die festgetretene Erde unter ihren Füßen, zertrampelt von den anonymen Menschenmassen, die vor uns durch dieses Gelände getrieben worden waren, menschliche Wesen, verwandelt in winzige Päckchen aus Furcht und Resignation. Jede einzelne von uns stand, ohne Aussicht auf Hilfe, in dieser Schlange, um ihre Bestimmung zu erfahren, ein Urteil, das sofort vollzogen wurde – Leben oder Tod. Der Krieg währte nun schon lange, und wir wußten, was wir von den Nazis zu gewärtigen hatten.

Nicht alle Frauen, die mit uns in dem Zug aus dem Getto von Kowno hierhergekommen waren, waren Fremde für uns gewesen, doch mittlerweile waren wir mit Frauen von überallher aus Europa vermischt, die durch Sprachbarrieren voneinander getrennt – wir versuchten aber auch gar nicht, miteinander zu sprechen – und durch die Furcht isoliert waren.

Wir hatten keine Freunde oder Verwandte, die uns beistehen konnten. Nur wir zwei, meine Mutter und ich, waren noch da, und wir klammerten uns aneinander. Mein Vater und mein Onkel waren erschossen worden. Als die Deutschen das Getto von Kowno liquidiert hatten, beschlossen die Eltern meiner Mutter und ihr überlebender Bruder, sich in einem Bunker zu verstecken, in der Hoffnung, die Russen würden da sein, ehe die Nazis sie aus ihrem Unterschlupf jagen und töten würden. Wir wußten nicht, ob sie noch am Leben waren, und sollten erst Jahre später die schreckliche Wahrheit erfahren. Niemand hatte sich die Mühe gemacht, uns zu helfen, die Risiken und Chancen abzuwägen. Wie sollte überhaupt jemand wissen, was die richtige Entscheidung war?

Wir waren gezwungen, in tiefster Unwissenheit Beschlüsse zu fassen, die Leben oder Tod bedeuten mochten. Sogar ich, noch ein Kind, hatte bereits ungezählte Male solche Entscheidungen getroffen.

Drei Tage vorher, am Bahnhof von Kowno, hatte es ein grauenvolles Durcheinander gegeben. Eine Unmenge Soldaten hatte dafür gesorgt, daß alles sehr schnell ging. Sie ließen uns keine Zeit, über unsere Situation Klarheit zu gewinnen oder von unseren Lieben Abschied zu nehmen. Sie schubsten uns umher, rissen uns voneinander weg. Aus ihrer Sicht konnte man sagen, es war gut organisiert. Ohne jede Vorankündigung trennten sie die Männer von den Frauen und zwangen Tausende von uns in ein paar kurzen Stunden in die Züge. Dabei verloren wir den Kontakt zu meinem älteren Bruder Manfred – kurz bevor sie die Züge mit uns vollstopften.

Die Nazis hatten uns gezwungen, das Getto in Kowno ohne irgend etwas außer den Kleidungsstücken, die wir am Leib trugen, zu verlassen. Als wir im Konzentrationslager eintrafen, trieben sie uns in einen riesigen Schuppen, wo wir uns entkleiden mußten. Sie nahmen uns die Kleider und Schuhe weg, die wir im Zug getragen hatten.

Mochten sie auch von den drei Jahren im Getto zerrissen und beschmutzt sein, was durch die Fahrt in den überfüllten Viehwaggons noch schlimmer geworden war, so hatten sie doch wenigstens uns gehört. Nun war von dem, was einmal unser gewesen war, nichts mehr übrig, nicht ein einziges Stück von den kärglichen Habseligkeiten, die wir durch die Gettozeit hatten retten können, nicht einmal eine Haarnadel. Jetzt trugen wir derbe Holzpantoffeln und Kleider, die die Wächter uns gegeben hatten und die aus zweiter, dritter oder vierter Hand stammten, Zivilsachen mit hinten aufgenähten gelben Sternen, keine gestreiften Uniformen wie die nichtjüdischen polnischen Häftlinge, die wir auf der anderen Seite des Stacheldrahtzauns sehen konnten, und die furchteinflößenden, brutalen Kriminellen, die im Lager den Deutschen zur Hand gingen.

Es war ein sonniger, warmer Julivormittag im Jahr 1944. Wir waren seit drei Tagen, praktisch ohne Nahrung, in dem dicht mit Menschen gefüllten Waggon eingesperrt gewesen. Doch trotz Hunger, Erschöpfung und Furcht, trotz der Erniedrigung, nackt zu sein und von den Kapos mit ihren bedrohlichen Peitschen an der Seite herumkommandiert zu werden –, trotz alledem gaben mir die Sonne und die frische Luft ein bißchen Energie. Ich war noch ein junges Mädchen, mager und körperlich unreif, doch trotz all der Jahre der Entbehrung war meine jugendliche Vitalität nicht so leicht zu brechen.

Wir rückten in dieser dichten Reihe fremder Frauen, von denen sich aus Furcht keine vorwärtsbewegen wollte, langsam einem Punkt entgegen, wo wir von einer Ungewißheit in die nächste gestürzt werden sollten. Wir wurden vorangeschoben von den hinter uns nachdrängenden Frauen, angetrieben von den Kapos mit ihren Peitschen und den Wächtern, die mit ihren Hunden längs des Stacheldrahtzauns standen. Hohe Wachtürme, besetzt von SS-Männern mit Maschinengewehren, ragten an der Umgrenzung des Lagers bedrohlich zur Sonne hinauf.

Ich hörte die Stimmen der Wächter und das Knurren ihrer Hunde. Die Frauen schleppten sich beinahe geräuschlos vorwärts, nur Stöhnen, angstvolles Seufzen, Weinen, geflüsterte Gebete waren zu hören. Die nördliche Sommersonne traf funkelnd auf die Uniformknöpfe der Soldaten und ihre Waffen, auf die polierten Schaftstiefel und die Messingschnallen, glänzte in ihren zusammengekniffenen Augen, während sie uns beobachteten. Riesige Hunde zerrten an ihren Leinen, geifernd und zähnefletschend. Konnten sie unsere Furcht wittern, wie ich sie roch, den säuerlichen Geruch von getrocknetem Schweiß, der nach Tagen ohne eine Waschmöglichkeit an unseren Körpern klebte, den Gestank von Urin und Exkrementen, von dem wir uns nicht befreien konnten, den Atem, der faulig nach Krankheit, Hunger, Zahnverfall und Furcht roch? Meine Mutter und ich hielten uns aneinander fest. Die Frauen drängten sich zusammen, um einen illusionären Schutz zu finden, obwohl wir füreinander Fremde waren.

Jetzt standen nicht mehr viele Frauen zwischen uns und dem Arzt, der die Selektion vornahm. Meine ganze Aufmerksamkeit konzentrierte sich auf ihn. Im nächsten oder übernächsten Augenblick sollte er über mein Schicksal entscheiden. Er war ein hochgewachsener, gutaussehender blonder Mann in einer NS-Uniform. Stolz stand er am Ende der Reihe aufgepflanzt und bezeichnete den Mittelpunkt dieses Stückchens vom Universum. Er blickte jede Frau, die sich vor ihn schleppte, prüfend und unpersönlich an und suchte nach Mängeln an ihr, die sie als Arbeitskraft untauglich machten. Mit knappen, kalten Handbewegungen und beinahe wortlos schickte er einige auf die linke, andere auf die rechte Seite. Unter uns war niemand, der nicht wußte, was das zu bedeuten hatte.

Ich war fasziniert von diesem gutaussehenden, wohlgenährten Arzt, diesem hochgewachsenen, gepflegten, anmutigen Mann. Sein Gesicht war intelligent und reserviert, nicht bösartig. Vielleicht, dachte ich, wird er tun, was ich erhoffe, wenn ich ihn freundlich anlächle. Meine Mutter und ich rückten näher auf ihn zu. Was mich selbst betraf, war ich wegen seiner Entscheidung nicht besorgt. Ich hatte gelernt, ein fröhliches Gesicht zu machen und so gerade dazustehen, wie ich nur konnte, um zu zeigen, daß ich voller Energie und guten Willens war. Doch im Fall meiner Mutter war ich mir nicht sicher. Sie war zwar noch nicht Vierzig, aber nie eine besonders vitale Frau gewesen. Sie war als Kind herzkrank gewesen, und mein Vater hatte sie immer verwöhnt. Bis wir aus unserem Heim vertrieben und ins Getto gezwungen worden waren, hatte er sie gegen die rauhe Lebenswirklichkeit abgeschirmt. Selbst im Getto hatte sie in ihm einen Beschützer gesucht. Aber die Nazis hatten ihn ermordet, und seit diesem tragischen Verlust, der nur ein paar Monate her war, war meine Mutter enorm gealtert. Nach ihrem Aussehen zu schließen, war sie den Sechzig näher als den Vierzig. Ihre Haut war faltig und grau, ihre Augen hatten keinen Glanz. Und das Kleid, das man ihr im Lager gegeben hatte, ein formloser, schwarzer Fetzen, ließ sie auch nicht jünger erscheinen. Das war meine Mutter, die nur die schönsten, handgenähten Sachen getragen hatte, als ich ein Kind war. Jetzt sah sie wie eine teilnahmslose Bettlerin aus.

Kurz bevor wir in Kowno in den Zug getrieben worden waren, hatten wir etwas Hoffnung geschöpft. Die Deutschen hatten begonnen, das Getto zu räumen. Gab es vielleicht doch noch eine Chance, daß sich die Dinge zum Besseren wenden würden? Die Russen waren nicht mehr weit entfernt. Die Deutschen waren, wenn es auch zu langsam ging, offensichtlich im Begriff, den Krieg zu verlieren. Vielleicht hatten sie irgendeinen Grund, uns bis zum Ende des Kriegs am Leben zu lassen? Niemand hatte uns gesagt, wohin es mit uns ging oder was wir zu erwarten hatten.

Doch binnen weniger Minuten hatten wir alle Hoffnung wieder verloren. Sie stopften uns in Viehwaggons, die dann verplombt wurden. Im Innern herrschte eine unmenschliche Enge. Es war heiß und die Luft abgestanden. Frauen schrien, keuchten, wurden ohnmächtig. Wir bekamen keinen Bissen zu essen, aber es gab immerhin Wasser, das wir aus rostigen Metallbehältern tranken, die wir »Paklaschkes« nannten. Die Fahrt dauerte drei Tage, die einem wie drei Jahre vorkamen. Es war eine ziellose Reise ins Nichts, manchmal rasch, manchmal langsam, und mitunter ging es überhaupt nicht weiter. Es schien, als wüßten die Deutschen nicht, was sie mit uns anfangen sollten. Das machte uns Angst, aber ich stützte meine Mutter, indem ich Optimismus vortäuschte.

Irgendwann wurden die Türen geöffnet, und in sämtlichen Waggons postierten sich Wächter. Über Lautsprecher wurden wir wiederholt gewarnt: »Jeder, der aus dem Zug zu springen versucht, wird auf der Stelle erschossen.« Wir hörten Schüsse, konnten aber nicht sagen, ob wirklich jemand versucht hatte, aus dem Zug zu fliehen, oder ob die Wachen uns nur einschüchtern wollten. Sie beschimpften uns immer wieder und nannten uns »Drecksäue«.

Während der Zug dahinfuhr, arbeitete ich mich so nahe an die offenen Türen vor, wie ich nur konnte. Manchmal wurde der Zug langsamer, wenn die Strecke durch Wälder führte. Die Bäume standen ganz dicht an den Gleisen. Wenn man wagemutig war, konnte man hinausspringen und zwischen den Bäumen verschwinden, bevor die Wachen einen Schuß abfeuern konnten. Hie und da sah ich zwischen den Bäumen Häuser. Vielleicht würde jemand, der dort wohnte, mit uns Erbarmen haben. Die russische Front kam ja näher.

Ich stand mit meiner Mutter neben der offenen Tür.

»Springen wir hinaus«, wisperte ich ihr zu.

»Ich kann nicht«, flüsterte sie zurück. »Spring du.«

Sie hatte recht. Sie war zu schwach für einen Sprung. Sie hatte nicht den Mut, in die Wälder zu fliehen. Ich konnte sie nicht verlassen, und ich konnte sie auch nicht mit mir aus dem Zug hinausziehen. Damals schwor ich mir, daß wir entweder zusammen am Leben bleiben oder zusammen sterben würden.

Sie drängte mich hinauszuspringen. Sie versuchte sogar, mich hinauszuschieben, aber sie war nicht kräftig genug.

Als der Zug zum Stehen kam, wußten wir noch nicht, wo wir waren. Es war Stutthof an der baltischen Küste, nicht weit von Danzig entfernt. Die Nazis tarnten gegenüber der Außenwelt, worum es sich bei dem Lager handelte. Als wir ankamen, begrüßte uns auf dem freien Gelände zwischen der grauen Betonmauer des Lagers und dem Bahnsteig eine kleine Kapelle aus uniformierten nichtjüdischen Musikern. Im ersten Augenblick empfand ich unwillkürlich wieder Hoffnung. Vielleicht handelte es sich um eine Art Durchgangslager, wo wir das Kriegsende und die Befreiung durch die vorrückenden Russen abwarten konnten.

Das Lager war isoliert gelegen. Eine hohe Steinmauer ringsum verbarg seinen wahren Zweck. Das Umland war flach und bewaldet. Die Wachen trieben uns durch ein großes Tor, und sofort begriffen wir, wo wir waren. Wir sahen den unter Strom stehenden Stacheldrahtzaun und auf der anderen Seite die brutalen Kriminellen und die politischen Gefangenen in gestreifter Häftlingskleidung. Das Lager hatte so gewaltige Ausmaße, daß man es mit dem Auge nicht erfassen konnte. Es schien sich ins Endlose zu dehnen. Alle unsere Illusionen verflüchtigten sich. Aus hohen Schornsteinen stieg Rauch auf. Ich dachte, es handle sich um eine Bäckerei oder um eine

Fabrik. Von den Krematorien hatte ich noch nichts gehört. Unmengen jüdischer Frauen drängten durch den Eingang und wurden einer riesigen Halle entgegengetrieben. Die Frauen, die uns beaufsichtigten, genossen es, uns wehzutun. Sie hieben mit Peitschen auf uns ein und schlugen uns willkürlich, weil es ihnen Spaß machte. Wir mußten uns ausziehen und die Kleidungsstücke anziehen, die sie uns gaben. Meine Mutter erhielt ein formloses schwarzes Kleid, und ich bekam einen blauen Rock und eine rote Bluse.

Jetzt standen meine Mutter und ich vor dem Arzt. Sein Blick drang durch unsere Kleidung und erspähte unsere Schwachpunkte. »Die alte Frau nach links. Das Mädchen nach rechts.« Ich rührte mich nicht von der Stelle. Ich stand da und beobachtete genau, wohin meine Mutter geschickt wurde: durch ein Tor auf die andere Seite des Zauns, in Richtung einiger langer Baracken, die nicht allzuweit entfernt standen. Ich rührte mich nicht vom Fleck, aber die Kapos schubsten mich aus dem Weg, auf eine Gruppe Frauen zu, die in Reihen von jeweils sechs aufgestellt waren. Das war die Arbeitsformation. Jeden Augenblick würden sie uns zur Zwangsarbeit forttreiben. Ich war noch nie in meinem Leben ganz und gar allein gewesen. Die anderen Frauen standen passiv da und warteten ergeben auf das, was kommen mochte. Aber ich konnte mich nicht mit dem abfinden, was eben geschehen war.

Drei Jahre lang, vom Sommer 1941 bis zum Sommer 1944, hatte ich für die Nazis Zwangsarbeit geleistet, aber immer meine Mutter zur Seite gehabt. Wir hatten aufeinander aufgepaßt, uns füreinander geopfert – im buchstäblichen Sinn des Wortes. Jeden Morgen um sieben Uhr hatten wir uns am Eingang des Gettos in einer Reihe aufgestellt und waren von dort zu unserem Arbeitsplatz getrieben worden. Meine Mutter und ich hatten die meiste Zeit im Lazarett gearbeitet, in dem verwundete deutsche

Soldaten betreut wurden. Wir hatten die Bäder und die Toiletten putzen müssen, die schmutzigste Arbeit, die man für uns finden konnte. Aber wenigstens waren wir zusammen gewesen. Meine Mutter hatte auf mich aufgepaßt.

Aber ich brauchte sie jetzt nicht, damit sie auf mich aufpaßte. Ich wußte, das mußte ich selbst tun. Mein Vater war am 28. März 1944, seinem siebenundvierzigsten Geburtstag, während einer »Aktion« umgebracht worden, als die Deutschen sämtliche noch im Getto verbliebenen Kinder zusammentrieben und ermordeten. Mein Vater hatte versucht, eine große Gruppe Kinder dadurch zu retten, daß er sie unter dem Dach des Hauses des Jüdischen Komitees versteckte, aber die Deutschen entdeckten sie, transportierten sie zum Neunten Fort auf einem Hügel vor der Stadt und erschossen sie alle zusammen mit meinem Vater mit Maschinengewehren. Von Zeugen erfuhren wir, was sich abgespielt hatte.

Er hätte damals nicht zu sterben brauchen. Er hätte nicht den vergeblichen Versuch unternehmen müssen, Kinder zu retten, die ohnehin dem Untergang geweiht waren. Aber dieses Handeln war bezeichnend für meinen Vater, der immer zuerst an andere dachte.

Sein Tod war ein Schlag, von dem sich meine Mutter nicht mehr erholte, aber trotz meines Kummers zwang ich mich irgendwie, die Hoffnung aufrechtzuhalten, obwohl es eine Hoffnung nicht gab. Bis zum Tod meines Vaters hatten sie einander mit Zuspruch beigestanden und mir ihre Ängste verborgen, mich, so weit es ihnen möglich war, von den Schreckensszenen im Getto abgeschirmt. Wir taten alles, was wir nur konnten, um zusammenzubleiben und unsere Hoffnung am Leben zu erhalten, und das in einer Situation, in der es keinen Grund gab zu glauben, wir könnten durchkommen. Nachdem mein Vater umgebracht worden war, konnte meine Mutter mir ihre Verzweiflung nicht verbergen. Ich mußte jetzt die Starke sein, dafür sorgen, daß sie das bißchen aß, was es zu essen gab, dafür sorgen, daß sie nicht aufgab. Und ich mußte so tun, als erwartete ich ein Wunder: daß die Russen schon bald kommen und die Nazis fliehen würden.

Von meinem Platz in der Kolonne der Zwangsarbeiterinnen aus schätzte ich rasch die Situation ab. Hinter mir strömten weitere Frauen herbei, relativ junge, kräftige Frauen. Vor uns sah ich das Lagertor und einen Zug, der wartete, um uns abzutransportieren. Jeden Augenblick würden sie uns zum Tor hinaus, zu dem Zug treiben, und ich würde meine Mutter nie mehr wiedersehen. Angestrengt schaute ich durch den Drahtzaun, um zu sehen, wohin sie gegangen war. Auf der anderen Seite des Zauns mußten die Frauen sich nicht zu Kolonnen formieren. Sie irrten in der Nähe der Baracke umher, von den Kapos nicht beachtet. Deren Aufmerksamkeit konzentrierte sich auf die Stelle, wo der gutaussehende, blonde Doktor selektierte. Ich glaubte, meine Mutter in ihrem schwarzen Kleid entdeckt zu haben, wie sie taumelnd um die Ecke einer Baracke verschwand. Es war unmöglich, aber ich mußte zu ihr.

Im Getto war ich immer ein einfallsreiches Mädchen gewesen, und ich frage mich noch heute, woher ich diesen Einfallsreichtum hatte. Ich war ja kein Straßenkind, gewohnt, sich in einer feindlichen Welt durchs Leben zu schlagen, sich selbst weiterzuhelfen, weil es vernachlässigt wurde. Im Gegenteil, ich war ein verwöhntes Kind gewesen. In Frankfurt, wo ich geboren wurde, hatte ich eine Kinderfrau, eine staatlich geprüfte Krankenschwester, die eine Schwesternhaube mit einem roten Davidstern an der Vorderseite trug. Was für eine Ironie, wenn ich jetzt daran denke! Unsere nichtjüdische Kinderfrau hatte voll Stolz getragen, was dann zum Symbol unserer Verfolgung wurde. Sie kümmerte sich um unsere geringsten Bedürfnisse. Mein Bruder und ich gehörten zu den bestgekleideten Kindern der Stadt. Selbst nachdem wir aus Frankfurt geflohen waren und als mein Vater nicht mehr so wohlhabend wie früher war – wenn er auch noch ein ordentliches Einkommen hatte –, wurde ich mit allem Komfort aufgezogen, den er sich leisten konnte.

Als wir vor dem Krieg in Memel wohnten, einer Hafenstadt an der Ostseeküste, nördlich von Stutthof, zog ich oft ein Organdykleid und Lackschuhe an, wenn meine Tante Tita mich zum Tanztee ausführte. Sie bestellte mir heiße Schokolade, und ich tanzte Walzer und Tangos mit den zwölfjährigen Jungen. Ich hütete die Erinnerung an heiße Schokolade wie einen Schatz und träumte Nacht für Nacht davon. Als erstes, nahm ich mir vor, würde ich nach dem Krieg eine Tasse köstlicher heißer Schokolade trinken.

Vielleicht war die Veränderung an mir doch nicht so überraschend, wenn ich es mir recht überlege. Ich genoß zwar eine bevorzugte Erziehung, doch mein Vater ließ mich nie vergessen, daß Privilegien immer mit Verantwortung verbunden sind. Die deutschen Juden sind für ihre ernste Lebenseinstellung bekannt, und wir waren eine orthodoxe Familie, so daß unser Leben doppelt von Pflichten und Obliegenheiten bestimmt war. Wir mußten uns an strenge Verhaltensmaßstäbe halten, selbst wenn es uns materiell gut ging. Ich lernte rasch, mich auf das Leben im Getto einzustellen. Meine Eltern nähten mir Geheimtaschen in die Kleider, in denen ich für die älteren Leute, die nicht arbeiten konnten, Essen ins Getto schmuggelte. Wir wurden an den Eingängen zwar von Naziwächtern kontrolliert, aber ich zwang mich, zu lächeln und meine Furcht zu verbergen, und sie ließen mich passieren. Ich war immer bereit, ein Risiko einzugehen. Ich vertraute auf mein Glück und meine Intelligenz.

Ich nahm auch gern das Heft in die Hand, wenn ich die Möglichkeit dazu hatte. Als wir im Getto noch Einkäufe machen durften, buk ich für unsere ganze Umgebung Brot, wofür wir uns einen Eimer voll Mehl beschafften. Das war am Anfang noch möglich, als Juden gegen Geld oder Lebensmittelkarten einkaufen konnten.

Als erstes ließ ich ein bißchen Mehl über Nacht in Wasser quellen, um Sauerteig herzustellen. Dann rührte ich den Teig an und knetete ihn. Ich war damals knapp dreizehn und klein für mein Alter. Eine unserer Nachbarinnen sagte: »Du bist so winzig, dein Arm reicht kaum bis zum Boden des Eimers.« Doch ich war stolz, für alle Leute Brot zu backen. Wir hatten in unserem Quartier einen alten Herd. Ich setzte ihn in Betrieb und buk das Brot ganz ohne fremde Hilfe: Es gelang gut. Die Leute nannten mich »die kleine Bäckerin«.

Wer hätte sich damals vorstellen können, daß nach einigen Jahren im Getto, als das Essen knapp wurde, frischgebackenes Brot aus echtem Mehl zu einer solchen Delikatesse werden sollte, daß manche Mütter, dem Anstand und der strengen jüdischen Moral zum Trotz, bereit waren, ihre Töchter mit Naziwachen schlafen zu lassen, nur um Brot zu bekommen?

Ein anderes Mal bekamen wir ein paar Karotten, und ich bereitete einen Karottenkuchen. Wir brauchten den Zucker in den Mohrrüben. Gerne denke ich an das Bild, das ich von mir selber habe: ein kleines blondes Mädchen, mit den Armen bis zu den Achseln in einem Eimer voll Teig. Das war das Mädchen, wie es den Krieg überlebte, nicht das niedliche kleine Ding in Lackschuhen und einem Organdykleid, das in einem eleganten Café in Memel Gesellschaftstänze vorführt.

Jetzt mußte ich wieder einfallsreich sein, mehr als je zuvor in meinem Leben, und entschlossener obendrein. Ich mußte zu meiner Mutter – um jeden Preis. Ich bemerkte weiter vorne einen unbewachten Durchlaß in dem Elektrodrahtzaun. Heimlich bewegte ich mich aus meiner Reihe von sechs Frauen weg und auf die vor mir zu, dann weiter zur nächsten Reihe. Die anderen Frauen standen regungslos da, noch benommen von der Zugfahrt, vom Schock der Ankunft in Stutthof, der gefahrvollen Selektion und der Erleichterung, daß sie nach rechts, auf die Seite des Lebens, geschickt worden waren – vielleicht auch vom Kummer über die Trennung von geliebten Menschen. Wir sahen in unseren ausrangierten Kleidungsstücken alle gleich aus. Ich schob mich zur nächsten Reihe hin, seitwärts, auf den Durchlaß zu.

Jetzt bemerkten die Bewacher, daß etwas nicht in Ordnung war. Die Reihe, die ich verlassen hatte, bestand nur noch aus fünf Frauen, die, in der ich nun stand, aus sieben, aber ich war inzwischen vier oder fünf Reihen weiter vorne. Die Bewacher wußten nicht, wo sie mich suchen sollten. Jetzt stand ich neben dem Durchlaß. Irgendwie wußte ich sofort, wie ich ihn passieren konnte, wo ich die Klinke berühren mußte, damit mich kein Stromstoß traf. Die Bewacher brüllten herum, befahlen eine Zählung, hielten nach der verschwundenen Person Ausschau. Ich griff zu der Klinke hinauf und trat durch den Durchlaß.

Jetzt war ich auf der Seite der verdammten Seelen. Die Bewacher mit ihren Hunden sahen mich laufen, konnten aber die Reihe der Frauen nicht durchbrechen, um mich zu erwischen. Ich rannte drauflos und mischte mich unter eine Gruppe Frauen. Wir sahen alle gleich aus. Es gab keine Möglichkeit, mich herauszuholen, um mich zu bestrafen. Außerdem befand ich mich nun auf der Seite, wo alle in die Gaskammern geschickt werden würden. Das war schon Strafe genug.

Auf dieser Seite des Zauns ließ man die Gefangenen herumlaufen, bis die Selektionen für diesen Tag abgeschlossen waren. Hier herrschte nicht die strenge Ordnung der anderen Seite, wo sie die Frauen in Reihen Aufstellung nehmen ließen und sie alsbald zum Abtransport in Arbeitslager wegtrieben. Für die Frauen auf der Seite ohne Hoffnung gab es keine Verwendung, da sie ja umgebracht werden würden, außer daß die Kapos sie prügelten, wenn sie Lust darauf verspürten. Auf dem Gelände standen Reihen düsterer, nicht getünchter Holzbaracken, in denen die Nazis die Frauen zusammenpferchten und halb verhungern ließen, ehe sie sie vergasten.

Ich hatte gesehen, wie meine Mutter hinter einer der Baracken verschwand. Ich rannte vorwärts, um sie zu suchen. Die anderen Frauen bemerkte ich gar nicht richtig, sah nur, daß keine von ihnen meine Mutter war. Jede einzelne von ihnen, von Hunderten und Aberhunderten einsamer, ermatteter, gramgebeugter Frauen, war auf dem Weg in den sicheren Tod. Wie konnte irgend jemand sie ansehen – so unvorstellbares Leid war hier versammelt! Ich rief eine Frau nach der anderen an, sah in ein Gesicht nach dem anderen, erblickte aber nur Leere und tiefe Furcht, nicht die hübschen Züge meiner Mutter. »Ich bin nicht deine Mutter«, antworteten mir einige.

Als junge Frau hatte sie »die schöne Rosel« geheißen. Das war, wenn auch noch nicht lange her, in einem anderen Leben gewesen. Sie hatte sich immer mit erlesenem Geschmack gekleidet. Ihre Kleider waren alle von Hand genäht, bescheiden, aber modisch, verziert mit Applikationsstickerei. Sie war damals Ende zwanzig oder Anfang dreißig gewesen. Ihr braunes Haar war immer perfekt frisiert. Der Duft ihres Parfums war der Duft meiner Kindheit. Ihre graziösen Hände beim Klavierspielen waren die Verkörperung von Zartheit, Können und Zielstrebigkeit. Sie war eine kultivierte, belesene Frau, die sich in der deutschen Literatur und Musik sicher besser auskannte als die brutalen »arischen« Bewacher hier in Stutthof. Trotz ihrer Jugend hatte meine Mutter unter den Frauen der orthodoxen Gemeinde in Frankfurt bereits eine tonangebende Rolle gespielt. Sie hatte einen Kindergarten für Bedürftige auf die Beine gestellt. Sogar im Getto war es ihr gelungen, ihre Anmut und Würde zu bewahren.

Vielleicht fand ich jetzt meine Mutter, aber ich würde nie wieder die Frau finden, die sie einmal gewesen war.

Dann, es war nicht zu glauben, erspähte ich sie unter all diesen verlorenen Seelen. Sie verknotete gerade einen Strumpf um ihren Hals, im Begriff, sich zu erdrosseln. Ich traute meinen Augen nicht. Ich stürzte auf sie zu und rief sie an. »Rosel!« rief ich. »Mutter!« Doch sie gab mir keine Antwort. Sie war entsetzt, mich zu sehen. Sie wollte in mir nicht ihre Tochter erkennen. »Mutter!« rief ich wieder. »Ich bin nicht deine Mutter«, sagte sie. Sie wollte alleine sterben. Aber ich zog ihr den Strumpf vom Hals.

Schließlich sträubte sie sich nicht länger gegen meine Gegenwart und sagte mit der alten, eleganten, literarischen Förmlichkeit: »Mein Kind, du bist ins Reich des Todes gekommen.« Das wußte ich, aber es war einerlei. Ohne sie war ich ohnehin so gut wie tot.

»Wenn wir nicht miteinander am Leben bleiben können, werden wir zusammen sterben«, sagte ich zu ihr. Diesen Schwur hatte ich schließlich in dem Zug nach Stutthof geleistet.

Dann kam mir eine Idee. Warum hatten sie meine Mutter nach links, auf die Seite des Todes geschickt? Sie war ja noch nicht einmal Vierzig und bei leidlicher Gesundheit. Dieses formlose, schwarze Kleid war es, was sie alt erscheinen ließ.

»Vertauschen wir unsere Sachen«, sagte ich. Sie begriff nicht. Ich konnte es nicht erklären, mußte es einfach tun. »Tauschen wir unsere Sachen.«

Rasch zog ich den blauen Rock und die rote Bluse aus. Ich brachte sie dazu, daß sie das schwarze Kleid ablegte und meine Sachen anzog. Ich zog mir das schwarze Kleid über den Kopf. Dann trat ich einen Schritt zurück und sah sie wieder an. Sie wirkte bereits zehn Jahre jünger.

Doch ihre Wangen waren bleich und eingefallen. Ich befeuchtete einen Finger, fuhr damit über den gelben Stern an meinem Kleid und rieb ihr von der Farbe auf die Wangen. Wieder und wieder verschmierte ich Farbe auf ihrem Gesicht. Vielleicht war es nur der Druck meines Fingers, nicht die Farbe des Stoffsterns – ihre Wangen röteten sich ein klein wenig.

»Komm mit.« Ich wartete nicht ab, daß sie mich fragte, wohin. Ich erklärte ihr mein Vorhaben nicht, sondern zog sie nur an der Hand mit mir.

Um die Wahrheit zu sagen: Ich hatte eigentlich gar keinen Plan. Ich wußte nur, daß ich uns irgendwie durch den Zaun auf die andere Seite des Lagers bringen mußte, weg von den Todgeweihten, hinüber zu denjenigen, die noch eine gewisse Hoffnung hatten, am Leben zu bleiben. Was hatten wir noch zu verlieren?

Ich führte meine Mutter an der Hand zum Rand einer Baracke, so daß ich um die Ecke gucken und sehen konnte, was vor sich ging. Die Selektion war nach wie vor im Gange. Aus dem Umkleideraum erschienen laufend neue Opfer. Eine lange Reihe Frauen wurde in Richtung auf den hochgewachsenen, gutaussehenden Arzt getrieben und zog langsam an ihm vorbei. Er begutachtete sie und schickte sie mit knappen Handbewegungen dorthin, wo es ihm beliebte. Dann schubsten die Kapos und Bewacher die Frauen in die Richtung ihrer Bestimmung. Die Wachen behielten die Frauen, die für den Arbeitseinsatz selektiert worden waren, genau im Auge und sorgten dafür, daß sie sich in ordentlichen Sechserreihen aufstellten, achteten aber weniger auf diejenigen auf der anderen Seite des Zauns, die zum Sterben bestimmt worden waren. Ihre Rücken waren uns zugekehrt, als wären wir bereits tot.

Von Zeit zu Zeit wurde eine große Gruppe Frauen durch das Tor in Richtung der Todesbaracken geschubst, wodurch ein Gedränge entstand. Ich schob mich mit meiner Mutter nach vorne, und wir stellten uns zu anderen Frauen, um nicht aufzufallen. Wir näherten uns dem Stacheldrahtzaun so weit wir konnten, und ich wartete darauf, daß wieder eine große Gruppe durch den Zaun auf unsere Seite geschoben würde. Ich stellte fest, daß es eine Möglichkeit gab, rasch durch den Einlaß zu gehen und im Gedränge der noch nicht selektierten Frauen unterzutauchen, einfach deswegen, weil die Nazis vermutlich annahmen, niemand würde die Prozedur gerne zweimal über sich ergehen lassen. Eine Frau in der Reihe, die bemerkte, was ich für meine Mutter getan hatte, nannte mich ein »Wunder von Kind«. Das gab mir ein kleines bißchen mehr Zuversicht, daß mein Plan glücken würde.

Nun umdrängte eine große Gruppe Frauen den Durchlaß. Ich rückte näher hin und zog meine Mutter mit mir.

»Wo führst du mich denn hin?« fragte sie, den Tränen nahe.

»Auf die andere Seite.«

»Nein, laß mich hierbleiben und sterben. Geh du allein hinüber.« Sie wollte sich mir entziehen, aber ich ließ ihre Hand nicht los. Dabei behielt ich im Auge, was sich an der Stelle, wo selektiert wurde, abspielte. Die Bewacher waren im Begriff, eine große Gruppe Frauen durch den Einlaß auf unsere Seite zu schubsen.

»Du mußt mitkommen. Los, jetzt!«

Ich zog meine Mutter zu dem Einlaß hin, und in dem Durcheinander, das entstand, während die zum Sterben selektierten Frauen durchgetrieben wurden, gelang es uns, auf die andere Seite zurückzuschlüpfen und uns unter die Frauen einzureihen, die noch nicht selektiert worden waren. Nun waren wir von den anderen nicht mehr zu unterscheiden. Und da wir ja, genau genommen, keinen Fluchtversuch gemacht hatten, gab es keinen Grund, uns nachzuspüren.

Jetzt näherten wir uns wieder dem Arzt. Wie allen anderen klopfte auch uns das Herz vor Angst. Würde er uns diesmal beide nach rechts schicken, auf die Seite des Lebens? Würde er uns erkennen und uns auf der Stelle erschießen lassen? Vielleicht würde er uns beide zur Strafe nur nach links schicken. Er hatte so scharfe Augen. Erkannte er uns? Durchschaute er, was wir zu tun versuchten?

Es ist furchtbar, wenn Leben oder Tod von der Laune eines einzelnen Menschen abhängen, aber das widerfuhr mir seit meiner frühesten Kindheit immer wieder. In unserer Frankfurter Zeit waren wir sonntags, wenn die Kinderfrau und die Erzieherin freihatten, unter uns. Immer wenn schönes Wetter war, fuhr uns unser Vater in unserem schimmernden schwarzen Mercedes zur Stadt hinaus in die schöne Hügellandschaft des Taunus, ein berühmtes Erholungsgebiet. Dort besuchten die wohlhabenden Bürger Frankfurts gern die guten Restaurants. Bei uns aber war es Brauch, sonntags zum Picknick hinauszufahren. Unser Vater stellte den Wagen immer an einer Stelle mit weichem Gras und schattenspendenden Bäumen ab. Mutter breitete weißleinerne Tischtücher auf dem Gras aus, und wir ließen uns nieder. Wir aßen von Papiertellern, die mein Vater in seiner Fabrik herstellte, und alles war von tadelloser Ordnung. Mutter trug ein sportliches Kleid und Schuhe mit flachen Absätzen, Vater einen Sommeranzug und einen grauen englischen Filzhut, und ob Picknick oder nicht, von uns Kindern wurde erwartet, daß wir uns nicht schmutzig machten und mit einwandfreien Tischmanieren aßen.

Eines Sonntags fragte mich Vater, um mir eine Freude zu machen: »Trudi, wie würdest du gern zurückfahren?« Ich bat ihn, die lange Panoramastraße zu nehmen, und er ließ sich von mir dirigieren. Bald nachdem wir an ein paar Bauernhäusern, die ich so gern hatte, mit wohlgepflegten, gestriegelten, auf den Wiesen grasenden Kühen vorübergefahren waren, brachte ein mit Uniformierten besetzter Lastwagen unseren Mercedes zum Anhalten. Mit vorgehaltenen Gewehren wurden wir gezwungen auszusteigen. Das muß kurz nach der Machtübernahme der Nazis gewesen sein; ich war ein sechsjähriges Mädchen.

Mein Bruder und ich klammerten uns an den Rock meiner Mutter und hörten, wie die arroganten SA-Leute meinen Vater verhörten, ihn fragten, ob er Jude sei und demütigten. Mein Vater war nicht mehr ein prominenter, angesehener Industrieller, ein kultivierter, höflicher Frankfurter Bürger. Jetzt war er nur noch ein schmutziger Jude. Jeder uniformierte Rüpel konnte ihn verprügeln oder sogar töten, wenn ihm der Sinn danach stand. Sie legten ihre Gewehre auf uns an, und einer von ihnen brüllte: »Knall sofort diese Judenschweine ab! Das ist ein Befehl!« Ich war überzeugt, sie würden abdrücken.

Schon dröhnten die Gewehrschüsse in meinen Ohren. Ich brach in Tränen aus und klammerte mich an meine Mutter. Vater trat ein paar Schritte nach vorn, um sich zwischen die Soldaten und seine Familie zu stellen, als könnte sein Körper uns gegen ihre Kugeln abschirmen. Wir zitterten vor Angst, und die Uniformierten genossen den Anblick. »Hört euch das Gewinsel dieser schmutzigen Juden an.«

Schließlich sagte einer von ihnen: »Ach, laßt sie laufen.« Vielleicht war er der Anführer, ich weiß es nicht mehr, aber ich kann noch heute nachsprechen, wie er das sagte: nicht voller Mitgefühl, sondern verächtlich, als wären wir es nicht wert, daß an uns Gewehrkugeln verschwendet wurden. Die SA-Männer stiegen wieder auf den Lastwagen und fuhren fröhlich lachend davon. Ich werde diesen Augenblick nie vergessen. Die Erleichterung, davongekommen zu sein, konnte das Entsetzen, daß wir mit dem Tod bedroht worden waren, nicht auslöschen. Es hat mein Leben für immer verändert.

Das war unser letztes Picknick im Taunus. Die gesicherte Welt meiner Kindheit war zerbrochen. Und dies war erst der Anfang, wie oft sollte es sich noch wiederholen, daß zwischen mir und dem sicheren Tod nur die Laune eines Uniformierten stand! Selbst heute noch kann ich keine Antwort geben, wenn ich in einem Auto sitze und mich jemand fragt, welchen Weg er einschlagen soll. Ich bin gelähmt. Diese arglose Frage erfüllt mich mit tiefer Angst. Plötzlich bin ich wieder das kleine Mädchen, und wenn ich die verkehrte Antwort gebe, warten hinter der Biegung SA-Männer auf mich. Das ist nicht die *Erinnerung* an Furcht, sondern die *allgegenwärtige* Furcht selbst vor einer Gefahr, die darauf lauert, daß ich eine verkehrte Richtung einschlage.

Eine solche Begegnung mit dem Tod würde genügen, einen Menschen für den Rest seines Lebens zu zeichnen, aber es war nur das erste vieler solcher Erlebnisse. Als wir im Getto eingesperrt waren, verging kein Tag ohne ebenso große oder noch größere Gefahren. Jeder uniformierte Deutsche, der auf der Straße an einem Juden vorbeikam, konnte es sich einfallen lassen, diesen zu töten, wenn es ihm gefiel – und das kam oft vor. Sie hatten ein Tageskontingent willkürlich verübter Morde. Es kam häufig zu Selektionen, Durchsuchungen, Zählungen, zu allem, was den Nazis nur einfiel, und ich lernte, die Uniformierten, die mich umbringen konnten, freundlich anzulächeln, in der Hoffnung, sie so weit für mich zu gewinnen, daß sie mich verschonten.

Nur zu bald kamen wir zum zweitenmal, inoffiziell, an die Reihe. Der Arzt betrachtete mich prüfend. Ich lächelte zu ihm hinauf und blickte ihm in die Augen, um zu sehen, ob er mich erkannte. Sein unverwandter Blick verriet nichts. Er ließ sich nicht anmerken, ob er mich vielleicht schon einmal gesehen hatte. Als Menschen zählten wir ohnehin nicht für ihn.

Wieder wurde ich nach rechts geschickt, und diesmal

wurde auch meine Mutter zu den Reihen der Frauen gewiesen, die darauf warteten, in Arbeitslager abtransportiert zu werden. Ich hatte gewonnen: Meine Mutter war wieder bei mir. Zitternd standen wir dicht nebeneinander in einer Reihe von sechs Frauen, nun Teil einer Arbeitsbrigade, nicht zu sofortigem Tod verurteilt.

Aber man darf nicht glauben, wir hätten Freude empfunden. Wir hatten Angst.

2. Kapitel *Die schmale Brücke*

Wenn ich auf meine Jugend zurückblicke, sehe ich, daß ich bei jedem Schritt etwas verlor. Als ich das Konzentrationslager Stutthof erreichte, war mir beinahe alles genommen worden. Oft denke ich an all das, was mir entrissen wurde – mein Zuhause, mein Vater, meine Großeltern, meine Onkel und Tanten, meine Muttersprache, meine heimische Kultur –, damit ich zumindest in der Erinnerung etwas davon zurückholen kann, so daß es fortlebt.

Als ich sechs Jahre alt war, wurde meine Familie ins Exil getrieben. Trotzdem konnten meine Eltern bis zum Einmarsch der Russen in Litauen dafür sorgen, daß meine Kindheit im wesentlichen glücklich und in leidlicher Geborgenheit verlief, wenn sie auch schließlich ein düsteres Ende nahm: in der Gefrierkammer eines Fleischers, zwischen enthäuteten, ausgeweideten Tierkörpern, die an scharfen Haken hingen.

Begreiflicherweise warf der schreckliche Vorfall nach unserem Sonntagspicknick im Taunus einen dunklen Schatten über meine behütete Kindheit. Ich war zu jung, es in Worten auszudrücken, aber ich wußte, daß sich die Regeln der Welt zutiefst verändert hatten. Bis dahin hatte ich geglaubt, was man mich gelehrt hatte: daß Gott einen beschützen werde, wenn man ein guter Mensch war. Jetzt wußte ich, daß selbst gute, unschuldige Menschen kaltblütig erschossen werden konnten, wenn einer von diesen »Herrenmenschen« Lust darauf hatte.

Meine frühe Kindheit in Frankfurt war privilegiert und beschirmt, und mein Vater, Philip Simon, war ihr Bürge gewesen. Als kleines Mädchen betrachtete ich mich als Vaters Liebling. Er war ein glaubensstrenger orthodoxer Jude der alten Schule. Sein Vater war Rabbiner in Memel gewesen, der Hafenstadt an der Ostsee, die später unsere erste Zuflucht werden sollte. Als Kind war ihm beigebracht worden, was Recht und was Unrecht war, Lehren, die er niemals in Frage stellte. Er gab sich alle Mühe, seine Glaubensüberzeugungen an die eigenen Kinder weiterzugeben, indem er uns ein Vorbild korrekten Verhaltens gab.

Mein Vater war mindestens zehn Jahre älter als meine Mutter, ein kultivierter Mann, der auf sich hielt. Er trug immer einen Straßenanzug mit Fliege und rauchte Pfeife. Er war nicht groß und etwas untersetzt, und seine Haltung strahlte Würde aus. Er war Ehemann und Ernährer und gab sich immer viel Mühe, meiner Mutter Sorgen und Probleme zu ersparen. Er nahm seine Verantwortung so ernst, daß ich mich erinnere, wie ich mit ihm fühlte, weil die Bürde der Ernährerrolle auf seinen Schultern lastete. Mit seinem altmodischen Vertrauen auf seine Wertmaßstäbe gab Vater den Ton in unserer Familie an. Er war ein strenger Mann, aber ich erinnere mich mit viel Liebe an seine Strenge. Wie schön wäre es gewesen, hätten wir, seine Kinder, in jener Welt heranwachsen können, die er uns schaffen wollte – doch die Geschichte zerstörte sie, und nichts hätte ihn oder uns auf das vorbereiten können, was wir erleben sollten.

Von meinem Vater gingen Würde und Selbstbewußtsein aus. Er war ein erfolgreicher Fabrikant, und er nahm bereitwillig die sozialen Verpflichtungen auf sich, die sich in unserer Gesellschaft mit begüterten Verhältnissen verbanden: Mildtätigkeit und finanzielle Unterstützung für jüdische Institutionen. Ebenso wichtig waren ihm seine persönliche Ehre und hohe sittliche Maßstäbe. Obwohl kein gebürtiger Frankfurter, war er ein geachtetes Mitglied der seit langem eingewurzelten jüdischen

Gemeinde – mindestens seit dem vierzehnten Jahrhundert waren Juden ohne Unterbrechung in der Stadt ansässig. Sie betrachteten sich zu Recht als ein Stück des Gemeinwesens.

Mein Vater und sein Bruder besaßen eine Papierfabrik, und wir lebten in einer geräumigen Wohnung in der Nähe des Zoos in sehr komfortablen Verhältnissen. Mutter hatte ein Dienstmädchen und eine Köchin, und wir Kinder wurden von unserer nichtjüdischen Kinderfrau Candy betreut. Neben ihren anderen Talenten und Fähigkeiten war Candy auch eine ausgebildete Krankenschwester, und mit Manfred und mir sprach sie immer englisch. Das war ein selbstverständlicher Teil der angemessenen europäischen Erziehung, die wir erhalten sollten.

Candys gestärkte Uniform und die Schwesternhaube mit dem roten Davidstern machten einen tiefen Eindruck auf mich. Einmal bekamen mein Bruder und ich Scharlach, zu jener Zeit eine gefährliche, oft tödlich verlaufende Krankheit. Statt uns ins Krankenhaus bringen zu lassen, stellten uns unsere Eltern im Kinderzimmer unter Quarantäne, und Candy war die einzige, die uns mit der Außenwelt verband. Meine Eltern ließen eigens ein Fenster in die Tür einfügen, und ich erinnere mich noch heute, wie sie durch die Glasscheiben zu uns hereinschauten.

Die ersten Jahre meines Lebens wurden von den folgenden durch einen gewalttätigen Einschnitt abgetrennt. Ich war in eine Welt der Sicherheit geboren worden, mit soliden Zukunftshoffnungen, und all das wurde mir geraubt. Mit großer Sehnsucht denke ich an meine Kindheit in Frankfurt zurück. Manfred und ich waren immer sehr gut gekleidet. Meine Mutter ließ elegante Sachen für uns anfertigen, von der Art, wie man sie auf Photographien sieht, die damals bei festlichen Anlässen geknipst wurden.

Wenn man mich heute fragt, wann bestimmte Dinge passiert seien, erinnere ich mich daran weniger mit Daten, Namen und Adressen, sondern rufe mir lieber die Atmosphäre von Liebe, Behaglichkeit und Sicherheit zurück. Aber wir mußten von allen Menschen und allem Besitz Abschied nehmen, einfach deshalb, weil wir Juden waren. Immer wieder sage ich mir: Wir haben uns nie etwas zuschulden kommen lassen, wir waren keine schlechten Menschen, es hat keinen Grund gegeben, uns für irgend etwas zu bestrafen. Wenn man soviel verloren und soviel durchgemacht hat, könnte man ein Schuldgefühl entwickeln, als hätte man etwas getan, wofür man all dieses Leiden verdient hat. Aber wir hatten keinerlei Schuld auf uns geladen. Diese Wahrheit halte ich mir immer wieder vor Augen.

Anders als die meisten deutschen Juden machte Vater sich keine Illusionen darüber, daß es möglich wäre, unter Hitler in Sicherheit zu leben – vielleicht wegen jenes schrecklichen Erlebnisses auf der Rückfahrt von dem Picknick im Taunus – und war bereit, die Risiken eines Flüchtlingslebens auf sich zu nehmen. Als naheliegender Zufluchtsort bot sich, aus persönlichen wie aus politischen Gründen, die halbautonome Hafenstadt Memel an der Ostsee an. Mein Vater und meine Mutter waren beide in Memel zur Welt gekommen, als die Stadt noch zum Deutschen Reich gehörte, und die Eltern meiner Mutter lebten immer noch dort. Jeden Sommer verbrachte unsere Familie in Memel die Ferien, und so blieben wir am Ende des Sommers 1933 einfach dort, meine Mutter und wir Kinder.

Candy begleitete uns nicht. Wir brachten nur wenige unserer Besitztümer mit, ein paar Möbelstücke, etwas Silber, ein, zwei Bilder. Ich nahm meinen geliebten Teddybären und meine Puppe Leslie mit.

Für Vater war es gar nicht so einfach, zu uns zu stoßen. Er versuchte, illegal möglichst viel Bargeld aus Deutschland hinauszuschaffen, indem er heimlich über die holländische Grenze ging, und dann traf er als staatenloser Flüchtling in Memel ein. Er hatte in seiner Geburtsstadt keine bürgerlichen Rechte, weil sie nach dem Ersten Weltkrieg nicht mehr zum Verband des Deutschen Reiches gehörte. All die Jahre, die wir in Memel lebten, mußte Vater immer wieder sein Visum erneuern lassen. Wie unser eigener Status war, weiß ich nicht mehr. Solche technischen Dinge interessieren ein kleines Mädchen nicht.

Wir wohnten bei den Eltern meiner Mutter, bis Vater zu uns stoßen konnte. Dann bezogen wir eine eigene Wohnung, viel bescheidener als die frühere in Frankfurt, aber angenehm. Vater etablierte sich wieder im Geschäftsleben, diesmal als Repräsentant für holländische Baustoffirmen.

Memel heißt zwar heute Klaipeda und gehört zur Litauischen Sowjetrepublik, war aber seit seiner Gründung im Mittelalter eine deutsche Stadt gewesen. Nach dem Ersten Weltkrieg wurde es zum Zankapfel zwischen Litauen, das keinen anderen Hafen besaß, und Polen. Obwohl es von Litauen mehr oder weniger annektiert wurde, sprachen die meisten Bewohner nach wie vor deutsch, und ich besuchte eine deutsche Schule. Auch am Samstag fand Unterricht statt, aber Vater ließ mich an diesem Tag von Schul- und Hausaufgaben befreien, damit ich am Sabbat nicht zu schreiben brauchte.

Ich kann mich nicht erinnern, in der Schule irgendwelche antisemitischen Vorfälle erlebt zu haben, obwohl wir nur wenige jüdische Schüler waren. Die Lehrer behandelten uns fair, und ich war bei meinen Mitschülern beliebt. Ich trat besonders gern bei Theateraufführungen in der Schule auf und träumte davon, später einmal Schauspielerin zu werden.

In Memel blieb ich meinem Vater sehr nahe. Er nahm mich oft in die Synagoge mit, und die Erinnerung an die

Melodien, die dort gesungen wurden, besonders an die schöne Yom-Kippur-Hymne »Kol nidre«, ist noch heute in mir lebendig. In Frankfurt hatte Vater die große Synagoge der orthodoxen Gemeinde besucht, und in Memel besuchten wir eine ähnliche Synagoge. Ich lernte einige Gebete und Geschichten aus der Bibel, ging aber nicht in den Religionsunterricht am Nachmittag. Dort wurden nur Jungen hingeschickt.

Ich denke an meinen Vater gerne als einen Zaddik, einen Gerechten. Doch ein wahrer Zaddik ist ein armer Mann, der alles verschenkt, und bis wir ins Getto gesperrt wurden, war mein Vater nicht arm. Er sorgte immer sehr gut für uns. Aber er war wohltätiger, als wir es uns nach Meinung meiner Mutter leisten konnten. Ich erinnere mich, daß ich mit ihm Lebensmittel einkaufen ging, die an bedürftige Juden in Polen geschickt wurden. Wir gingen in die besten koscheren Delikatessengeschäfte in Memel (und später in Kowno). Er suchte die allerbeste Ware in dem Laden aus, bessere Dinge, als wir selbst aßen. Er bestand darauf, daß man den Armen das Beste geben müsse. Das war seine Auffassung von der religiösen Pflicht, mildtätig zu sein. Bei meiner Arbeit heute – kostenlose Zahnbehandlung für Sozialhilfeempfänger in Jerusalem – folge ich genau demselben Prinzip.

Selbst noch als Flüchtling in einer Welt, deren Zusammenbruch begonnen hatte, hielt mein Vater an seinen hohen Ansprüchen fest. Von uns Kindern wurde ordentliches Benehmen erwartet. Manfred und ich waren zu unseren Eltern immer höflich und respektvoll. Wir mußten es sein. Eines Samstagvormittags, als ich mit meinem Vater zur Synagoge ging, sah ich an eine Mauer das Wort »Hure« geschmiert. Ich wußte sicher nicht, was es bedeutete, sonst hätte ich nicht gewagt, es vor meinem Vater auszusprechen. Doch aus irgendeinem Grund und in aller Arglosigkeit buchstabierte ich es laut. Die Strafe folgte auf dem Fuß: drei Tage »Hausarrest«. Aus dem Fenster meines Zimmers im zweiten Stock, wo ich eingeschlossen war, winkte ich traurig zu meiner besten Freundin Bessie hinunter. Bessie richtete mir aus, welche Hausaufgaben ich zu machen hatte. Damals dachte ich, das würde eine meiner bittersten Kindheitserinnerungen bleiben. Heute kommt es mir vor wie ein Witz.

Meine Mutter war nicht streng orthodox eingestellt. Sie hielt sich an die Traditionen und richtete sich nach meinem Vater. Aber sie trug nie eine Perücke wie die ultraorthodoxen Frauen und ging, von hohen Festtagen abgesehen, nur selten mit uns in die Synagoge.

Was sie mit meinem Vater gemeinsam hatte, war ihre Sorge für die Armen. In Frankfurt beteiligte sie sich, wie schon berichtet, an der Gründung eines Kindergartens für bedürftige jüdische Familien. Das war 1931. Aber ihre mildtätige Gesinnung ging nicht soweit wie die meines Vaters. Für Mutter ging die Familie allem anderen vor.

Sie war eine gute Klavierspielerin, hatte die Musikhochschule in Frankfurt absolviert und gab Klavierunterricht. In Frankfurt tat sie es wohl vor allem, um Beschäftigung zu haben, aber in Memel auch, um Geld zu verdienen. Wir hatten immer ein Klavier im Haus, selbst nachdem wir aus Memel nach Kowno geflohen waren.

Meine enge Beziehung zu Mutter entwickelte sich in Memel. Vielleicht hatte ein gewisser Abstand zu ihren Kindern bestanden, während wir in Frankfurt lebten, da sie ja die Kinderfrau für unsere Betreuung hatte. Sie war eine intelligente, wache Frau. Sie las viel und hatte ein gutes Urteilsvermögen – sie war klug. Schon als Kind konnte ich mich mit ihr über alles unterhalten. Sie war eine fortschrittlich denkende Frau.

Ich nahm Klavierstunden, allerdings nicht bei meiner Mutter. Ich weiß noch, daß ich »Für Elise« übte und oft mit Mutter auch vierhändig spielte. Ich machte gute Fortschritte, und auch das ist eines von den vielen Dingen, um die mich die Verfolgung gebracht hat.

An Memel habe ich sehr schöne Erinnerungen. Solange wir dort lebten, besuchte ich häufig die Eltern meiner Mutter. Wir sprachen höflich und in gesetztem Ton mit unseren Großeltern. Wir benutzten keine jiddischen Kosenamen wie »Bubbie« und »Zaydie«, sondern redeten sie mit »Großmutter« und »Großvater« an. Wir sprachen immer deutsch mit ihnen, nie jiddisch, das wir gar nicht kannten. Alle Juden in Memel sprachen deutsch.

Die Eltern meiner Mutter wohnten in einem freundlichen bürgerlichen Haus, und Großmutter verwöhnte mich, wie alle Großmütter, mit Leckerbissen. Ich saß oft auf Großvaters Schoß und drehte mit meinen Fingern seine blonden Locken. Ich hoffte immer, sollte ich einen Sohn bekommen, daß er wie Großpapa blonde Locken haben würde, und tatsächlich wurde einer meiner Söhne ein Blondschopf.

In Memel lernte ich auch andere Mitglieder der Familie meiner Mutter kennen. Sie war das älteste von vier Kindern. Ihre beiden Brüder, Benno und Jakob, waren junge Männer am Anfang ihrer beruflichen Karriere, die sie sehr ernstnahmen. Benno war Anwalt, Jakob arbeitete als Arzt, und beide waren sie unverheiratet. Besonders hingezogen fühlte ich mich zu der jüngsten Schwester meiner Mutter, Tante Tita, die damals auf die Zwanzig zuging. Ich war Titas Hätschelkind. Sie war diejenige, die mich so oft herausputzte und in die Cafés von Memel führte, wo nachmittags Tanztees für Kinder gegeben wurden. Eine Kapelle spielte, und es gab Wettbewerbe im Walzer- und Tangotanzen. Die Kinder, die gewannen, bekamen Ballons als Preise. Ich war erst acht oder neun, liebte es aber, mich vor einem Publikum zu produzieren. Meine Kleider waren immer hübsch, und ich ließ nie einen Tanz aus. Oft kam ich aufgekratzt nach Hause, in den Händen die Schnüre einer Traube bunter Ballons.

Tita heiratete einen Juden aus Riga, und beide wurden von den Nazis ermordet. Vor kurzem schickte mir einer meiner wenigen am Leben gebliebenen Verwandten eine Ende der dreißiger Jahre in Memel aufgenommene Photographie von der Hochzeit meiner Tante Tita. Das ist das einzige Familienbild, das mir aus meiner ganzen Kindheit geblieben ist. Ja, es ist der einzige Gegenstand, der mich mit dem Leben vor dem Krieg verbindet. Ein anderes Erinnerungsstück aus jener Zeit habe ich nicht.

Auf der Photographie stehe ich in der hinteren Reihe auf einem Stuhl neben meinem Onkel Benno, dem Anwalt. Er wurde vor den Augen seiner Mutter im Getto Slobodka von den Nazis ermordet. Aber ich greife vor. Wir freuen uns alle für Tante Tita. Sie und der Bräutigam sitzen mit einem etwas ernsten Gesichtsausdruck am Kopfende des Tisches. Ihr älterer Bruder Jakob, der Arzt, hat den Platz neben ihr eingenommen, und neben ihm sitzen ihre Eltern, meine Großeltern mütterlicherseits, und blicken stolz in die Runde. Meine Mutter steht dicht hinter ihrer Mutter, und auf der anderen Seite des Tisches, am linken Bildrand, steht, sehr fesch, mit einer schwarzen Krawatte auf der gestärkten Hemdbrust, einem weißen Ziertuch in der Brusttasche und einem schwarzen Satinkäppchen (yarmulka) auf dem Kopf, mein Vater: Ein freundlicher, intelligenter, würdevoller Mann mit einem klaren Blick.

Mein Bruder Manfred ist nicht auf dem Bild. Vermutlich war er damals in dem jüdischen Internat in Schweden, auf das ihn mein Vater zur Fortsetzung der in Frankfurt begonnenen strengen Ausbildung geschickt hatte. Er war gerade damit fertig geworden, als der Krieg begann. Mein Vater ließ ihn kommen, damit die Familie vereint war, eine Entscheidung, die meinen Bruder das Leben hätte kosten können, doch damals konnte niemand ahnen, welche Entscheidung richtig war.

In meiner Erinnerung ist Memel keine besonders hübsche Stadt – ein Hafen eben. Meine Großeltern hatten ein Sommerhaus in einem Erholungsgebiet, das Sandkrug hieß. Um dorthin zu kommen, mußte man den Dampfer nehmen, der nach Königsberg weiterfuhr. In Sandkrug war ich am liebsten. Ich hatte viele Freunde, die in den Sommerferien auch immer dorthin kamen.

Wir blieben in Memel, bis die Deutschen es am 23. März 1939 besetzten. Darauf setzten wir uns mit den Eltern meiner Mutter und den übrigen Familienmitgliedern nach Kowno, in Litauen, ab. Wir flohen nicht als gänzlich mittellose Flüchtlinge, sondern konnten viele Dinge mitnehmen, die uns gehörten. Ich hatte noch immer meinen Teddybären und meine Puppe Leslie, und Vater setzte in Litauen seine Tätigkeit als Vertreter für holländische Firmen fort. Kowno war eine viel elegantere Stadt als Memel und hatte ungleich mehr Charme. Wir bezogen eine Wohnung in einer vornehmen Gegend, in der Kestiuchostraße. Das Hebräische Realgymnasium, das ich besuchte, war am anderen Ende dieses Boulevards und gegenüber dem Opernhaus. Unsere Wohnung lag im vierten Stock, und jeden Tag kam Lena, das litauische Dienstmädchen, zum Saubermachen und zum Kochen.

Die internationale Lage machte mir keine angst. Was mich aus dem Geleise brachte, war der Schulwechsel. Ich kam aus einer deutschen in eine jüdische Schule, wo Hebräisch, das ich nicht beherrschte, Unterrichtssprache war. Unvermittelt wurde ich in einer mir fremden Stadt mit anderen Kindern zusammengesteckt, mußte aufholen und mich einfügen. Es war mir furchtbar, eine Außenseiterin zu sein, wegen der Sprache in allen Fächern hinter den anderen zurück.

Ich arbeitete mit äußerstem Fleiß und machte gute Fortschritte, doch schon nach kurzer Zeit wurde mir in der Schule wieder eine Umstellung abverlangt. Im Juni 1940 besetzten die Sowjets Kowno, und fortan war es verboten, auf hebräisch zu lehren. Unterrichtssprache wurde das Jiddische. Da es viel Ähnlichkeit mit dem Deutschen hat, fiel es mir jedoch nicht sehr schwer, es zu erlernen, und ich beherrsche die Sprache noch heute sehr gut. In der Schule wurden auch Russisch und Litauisch gelehrt, und von diesen Sprachen kannte ich nicht einmal die Anfangsgründe. Ich arbeitete fleißig, um voranzukommen, und hatte Lehrer, die mir halfen, Gedichte auf russisch und litauisch auswendig zu lernen. Schon bald gehörte ich zu den besten Schülern in meiner Klasse. Obwohl es mühsam war, liebte ich Sprachen, und wenn mich jemand fragte, was ich später einmal werden wolle, sagte ich immer: »Übersetzerin oder Schauspielerin.« Jedesmal, wenn der Lehrer nach Freiwilligen für die Beteiligung an einer Theateraufführung fragte, hob ich als erste die Hand. Aber ich bekam keine Chance, in meiner neuen Schule enge Freundschaften zu schließen. Ich muß infolge der Veränderungen etwas verwirrt und desorientiert gewesen sein, und in meiner Erinnerung sind diese beiden ersten Jahre in Kowno einsame Jahre.

Eine meiner größten Freuden in Kowno war das Schlittschuhlaufen, *zhozhikla* auf litauisch. Es gab zwei Eisbahnen, die ich besuchte. Die eine war auf dem Weg zur Schule, wohin ich zweimal in der Woche ging. Die andere lag am entgegengesetzten Ende der Stadt, und dort war ich nicht so oft. Es machte mir Spaß, mich mit meinem Eislaufkostüm herauszuputzen und Achter und andere Figuren zu üben. Noch heute, wenn ich in eine Stadt mit einer öffentlichen Eisbahn komme und Zeit habe, leihe ich mir Schlittschuhe aus und hole meine Kindheit zurück – *zhozhikla*!

Eine andere große Freude in Kowno war für mich das Opernhaus mit seiner Kuppel. Ich habe seither kein schöneres gesehen. Meine Eltern nahmen mich oft mit, damit ich den großen Kipras Petrauskas hören konnte. Keine Aufführung, die ich heute höre, vermag die Magie seiner

Stimme zu evozieren, die Seligkeit, wenn man in einem eindrucksfähigen Alter große Musik hört.

Wir lebten einigermaßen unbehelligt, nachdem die Sowjets in Kowno einmarschiert waren. Ich erinnere mich vor allem an die Russinnen, deren Kleider mir immer komisch und bäuerlich vorkamen. Manchmal trugen sie Sachen, die wie Nachthemden aussahen. Zwar waren Lebensmittel rationiert, doch soweit ich mich erinnere, waren wir durch das russische Regime keinem besonderen Druck ausgesetzt. Und wir Kinder hatten keine Angst vor dem Krieg, der in weiter Ferne schien.

Dann, im Juni 1941, wurde unser Leben von Grund auf verändert. Wir hörten, daß die Sowjets beschlossen hätten, sämtliche bürgerlichen jüdischen Familien nach Sibirien zu deportieren, und wußten, daß auch wir auf der Liste standen. Das Wort »Sibirien« beschwor bei mir schreckliche Vorstellungen herauf. Selbst für meinen Vater mit seinem ausgewogeneren Urteil konnte kein Schicksal schlimmer sein, als nach Sibirien abtransportiert zu werden. Wir hatten eine Fülle von Gerüchten über die unmenschlichen Lebensbedingungen in den Arbeitslagern dort gehört. Vater war überzeugt, daß Mutter wegen ihrer Herzschwäche – Folge besagter Krankheit in ihren Kindertagen – unmöglich die arktischen Winter überstehen könnte. Und was ihn selbst betraf: Wie sollte er, ein kultivierter Mann Ende vierzig, der noch nie in seinem Leben schwere körperliche Arbeit geleistet hatte, Holzfäller werden? Und Manfred und ich, zwei verzärtelte jüdische Kinder, hatten sicher keine Chance, in dieser entlegenen Wildnis am Rande der Welt lange am Leben zu bleiben. So blieb nur die Flucht. Alles wurde in die Wege geleitet, damit wir uns nach Schanghai absetzen konnten, doch die Entwicklung überschlug sich. Unser erzwungener Aufbruch nach Sibirien stand vor der Tür.

Wir hatten in einem Badeort an der See ein Sommerhaus, wohin wir in aller Eile fuhren. Es war eine spannungsgeladene Fahrt. Meine Eltern besprachen leise ihre Pläne, und wir Kinder lauschten. Vater meinte, wir sollten uns versteckt halten, bis die Russen die Deportationen nach Sibirien abgeschlossen hätten. Dann könnten wir wie geplant nach Schanghai abreisen.

Er parkte den Wagen in einer Nebenstraße und verließ uns für kurze Zeit. Im Park hörte ich eine Kapelle eine Beethoven-Ouvertüre spielen. Schon bald erschien Vater wieder, zusammen mit einem Mann, den ich nicht erkannte. Sie unterhielten sich in einem herzlichen Ton, wie gute Freunde. Später sagte uns Vater, das sei Herr Jonas, der Fleischer, gewesen. Unser Sommerhaus stand in der Nähe seines Ladens, und Vater hatte irgendwie seine Bekanntschaft gemacht. Fleisch hatte er bestimmt nicht bei ihm gekauft, denn unsere Familie war streng orthodox und aß nur koscheres Fleisch. Vielleicht hatten sie sich bei einem Spaziergang am Strand kennengelernt. Vater muß gespürt haben, daß Herr Jonas ein Mann war, auf den er in einer heiklen Situation zählen konnte, obwohl dieser uns nicht nur aus reiner Herzensgüte versteckte.

Ich erinnere mich, daß ich sah, wie Geld den Besitzer wechselte. Dann führte uns Herr Jonas vorsichtig um das Haus herum zum Lieferanteneingang, und wir schlichen uns die Treppe zur Kühlkammer im Souterrain hinunter.

Wir hüllten uns in unsere wärmsten Wintermäntel und Decken und setzten uns auf den Boden, um in diesem Versteck zu warten, bis die Gefahr vorüber war, vielleicht die Nacht über, dachten wir.

Die Stunden zogen sich hin, ohne daß Herr Jonas erschien, um zu sagen, daß die Luft rein sei. Einen Unterschied zwischen Tag und Nacht gab es für uns nicht mehr. Auch die Zeit war eingefroren. Jede Minute kam einem wie eine Ewigkeit vor. Wie lange würden wir in diesem dunklen, feuchtkalten Kellerloch ausharren müssen? Ich war noch ein kleines Mädchen. Immer wieder fragte ich meine Eltern: »Wieviel Uhr ist es? Wie lange müssen wir noch hierbleiben?« Aber sie wußten keine Antwort auf meine Fragen. Die Spannung dehnte jede Minute zur Stunde.

Dreimal am Tag kam Herr Jonas mit einer heißen Mahlzeit und den Neuigkeiten, die er in Erfahrung gebracht hatte – nicht viel – nach unten. Draußen war die Situation im Fluß, und es war schwer, zuverlässige Informationen zu bekommen. Obwohl wir bis zu den Augen in Decken eingehüllt waren, froren wir. Wir brauchten die heißen Mahlzeiten und aßen sie mit Behagen, obwohl sie nicht koscher waren. Ich hatte noch nie nichtkoscheres Essen gegessen. Ich wußte, es mußte sich um eine wirkliche Notlage handeln, wenn wir einen für unser Leben so wichtigen Grundsatz außer acht ließen. In der Kühlkammer war es schrecklich öde und düster, und wir mußten mucksmäuschenstill sein, solange der Laden geöffnet war. Niemand außer Herrn Jonas, nicht einmal seine Frau und seine Kinder, wußte, daß wir da waren. Herr Jonas' Leben stand selbst auf dem Spiel. Hätte man uns entdeckt, wäre er entweder erschossen oder zusammen mit uns nach Sibirien gebracht worden.

Ich hatte einmal vorher um mein Leben gezittert, damals, als die SA-Männer uns auf der Heimfahrt von dem Picknick im Taunus anhielten, aber ich hatte mich niemals so lange Zeit gefürchtet. Die Kälte drang uns bis ins Mark, so daß uns Schauer überliefen, aber immer, wenn wir hörten, wie sich Schritte der Tür näherten, eine kräftige Hand den Riegel zurückschob, zitterten wir noch heftiger. War es Herr Jonas, der uns Essen und Neuigkeiten brachte? Oder waren es russische Soldaten, die uns erschießen oder nach Sibirien fortschleppen wollten?

Fragen peinigten mich, Fragen, die mir seit beinahe fünfzig Jahren noch immer und immer wieder durch den Kopf gehen. Warum mußten wir uns verstecken? Warum wollten uns die Russen nach Sibirien schicken? Was hatten wir verbrochen? Damals wagte ich nicht, diese Fragen an meine Eltern zu richten. Sie waren nicht in der Stimmung, nach Antworten zu suchen, die es nicht gab. Damals konnte, und auch heute kann niemand eine Antwort darauf finden.

Ich war noch klein. Verstand ich, in welch ernster Gefahr wir schwebten? Ich glaube schon, soweit ein so junger Mensch etwas verstehen kann, das außerhalb seines eigenen Erfahrungsbereichs wie auch dessen seiner Eltern liegt. Mehr als alles andere aber verstand ich den tief besorgten Ausdruck auf den Gesichtern meiner Eltern. Sie bemühten sich, gelassen und fröhlich zu wirken, aber wie lange kann man eine solche Fassade aufrechterhalten?

Die Flucht in ein Versteck war ein Vabanquespiel, das böse ausgehen konnte. Ein ganzer Tag verging, aber die Luft war noch immer nicht rein. Wir waren beinahe am Ende unserer Geduld. Vielleicht würden wir eine ganze Woche in der Gefrierkammer sitzen und dann trotzdem der sowjetischen Polizei in die Arme laufen. Vater sprach leise zu uns, beruhigte uns und flößte uns Hoffnung ein.

Ich weiß noch, daß ich den Blick nicht von den enthäuteten Kuh-, Lamm- und Schweinevierteln ließ und Alpträume bekam, in denen sie uns angriffen. Der Geruch von abgehangenem Fleisch stand in der Luft. Noch heute durchläuft mich ein Schauer, wenn ich die Auslage eines Fleischerladens sehe. Im Geist sehe ich an diesen grausigen Haken nackte Menschenleichen hängen, die Leichen meiner Angehörigen. Bald, so dachte ich, werden wir uns selbst in gefrorenes Fleisch verwandeln. Ich hätte meinen Vater gerne gefragt: »Könnte es denn in Sibirien viel schlimmer sein?«

Drei Tage lang hielten wir uns in dieser Gefrierkammer versteckt, bis wir starr vor Kälte waren, obwohl wir darauf achteten, oft genug aufzustehen und umherzugehen, um die Blutzirkulation aufrechtzuerhalten. Während dieser ganzen drei Tage gab es keinen Augenblick, in dem ich keine Furcht empfand. Wir waren trotz unserer warmen Sachen und Decken innen und außen erstarrt, fühlten uns wie halbtot, kamen uns vor wie diese schrecklichen Tierkadaver. Am dritten Tag, als die Deportationen nach Sibirien abgeschlossen waren, erschien Herr Jonas und sagte, wir könnten jetzt ungefährdet gehen. Wir stolperten die Kellertreppe hinauf in einen strahlendhellen Sommertag. Die Straße kam uns unwirklich vor. Wir blinzelten und schirmten die Augen gegen die Sonne ab. Obwohl wir in unsere schweren Wintersachen gehüllt waren, zitterten wir noch vor Kälte. Wir mußten die Mäntel ausziehen, um warm zu werden. Es schien Stunden zu dauern, bis die Sonne die in uns aufgespeicherte Kälte herausgesogen hatte.

Wir fühlten uns nicht mehr total ausgeliefert. Wir waren nur eine blasse, erschöpfte Familie in guten, aber zerknitterten Kleidern. Wir stiegen in unseren Wagen, fuhren nach Kowno zurück, und Vater nahm die Vorbereitungen für die Flucht nach Schanghai wieder auf. Doch am 22. Juni griff Deutschland die Sowjetunion an, und die Juden, die in Kowno zurückgeblieben waren, hatten Anlaß zu bedauern, daß sie nicht nach Sibirien gebracht worden waren. Das Projekt Schanghai war gestorben. Niemand konnte der Falle entrinnen.

Für mich begann der Holocaust in Herrn Jonas' Gefrierkammer. Damit endete für uns als eine jüdische Familie auch nur der Anschein eines normalen Lebens. Wir waren zweimal aus unserem Zuhause vertrieben worden, erst aus Frankfurt, dann aus Memel. Wer konnte wissen, wie lange wir noch in unserer Wohnung in Kowno bleiben konnten? Wir wußten, auf Nichtjuden konnten wir uns nicht mehr verlassen. Herr Jonas war eine Ausnahme gewesen, und selbst er mußte für seine Hilfsbereitschaft gut bezahlt werden. Wir wußten aber auch, daß wir nicht aufgeben würden. Wir wollten alles in unseren Kräften Stehende tun, um als Familie zu überleben.

Beim Einmarsch der Deutschen und nach der Flucht der Russen begannen litauische Partisanen zu wüten. Bevor die Nazis die Bevölkerung in den eisernen Griff ihrer unerbittlichen Ordnung nahmen, herrschten einige Zeit Terror und Anarchie. Die Leute wollten – wirkliche oder eingebildete – Rechnungen für Dinge begleichen, die während der sowjetischen Herrschaft geschehen waren. Die Litauer, die unsere Nachbarn, unsere Kunden und Geschäftspartner gewesen waren, fröhnten dem einträglichen Sport, Juden zu berauben und zu erschießen. Es war noch einmal wie jene Episode aus meiner Kindheit, nur viel, viel schlimmer.

Ich kann heute noch nicht verstehen, daß Menschen, die seit Generationen als Nachbarn, Kunden und Partner friedlich mit den Juden zusammengelebt hatten, plötzlich zu Mördern wurden. Es verändert die Art, wie man Menschen sieht. Man sieht ein paar junge Männer auf der Straße und fragt sich: »Könnte es sein, daß auch sie anfangen, willkürlich Leute zu erschießen?« Gruppen uniformierter Schläger zogen mordend und plündernd durch die Straßen. Wir hörten, wie sie von Haus zu Haus gingen, Türen einschlugen, Juden an die Wand stellten und erschossen – Familie um Familie. Verängstigt aus unseren Fenstern spähend, sahen wir, wie sie wegschleppten, was immer sie in die Finger bekamen.

Es war so weit gekommen, daß ich mich nach dem sicheren Versteck in Herrn Jonas' Gefrierkeller zurücksehnte. Wir kauerten uns in unserem Wohnzimmer zusammen, saßen stumm da und beteten, daß die Plünderer unsere Wohnung im vierten Stock unbehelligt ließen. Dann hörten wir sie die Treppe herauftrampeln. Schon bald hatten sie unsere Wohnung erreicht. Ohne viel Mühe schlugen sie die verschlossene Tür ein und kamen hereingestürmt.

Da man sich nirgendwo verstecken konnte, versuchten wir es erst gar nicht. Sechs oder sieben ungeschlachte junge Kerle in Uniform, bewaffnete Litauer, drangen in den Raum, voll Wut und Haß. Wir waren gefangen, wehrlos in unserem eigenen Wohnzimmer. Es war nicht zu fassen: diese Barbaren im Heiligtum meiner Mutter. Sie hatte sich solche Mühe gegeben, es einzurichten, zu einem kultivierten Raum zu machen, es immer sauber und aufgeräumt zu halten. Wie konnte es sein, daß die schmutzigen Stiefel dieser Kerle auf unseren Teppichen herumtrampelten und sie besudelten?

»Mit dem Gesicht an die Wand, ihr Judenschweine!« Das Bild der abgehäuteten Schweinekadaver, die in Herrn Jonas' Gefrierkammer gehangen hatten, zuckte vor meinen Augen auf. Plötzlich war mir wieder eiskalt. Manfred und ich drängten uns so nahe an unsere Eltern, wie wir nur konnten. Dann legte erstaunlicherweise Lena, unser litauisches Dienstmädchen, ein gutes Wort für uns ein. Sie hatte für uns gearbeitet, seitdem wir nach Kowno gekommen waren. Ich liebte Lena. Sie half mir, Litauisch zu lernen. Lena war zierlich und hübsch und trug ein schwarzes Kleid mit einer weißen Schürze. Sie flehte die Eindringlinge an: »Habt Mitleid mit dieser braven Familie! Seht ihr nicht, daß es gebildete, kultivierte Leute sind? Habt ihr denn gar keinen Respekt?«

Wie würden diese Totschläger reagieren? Da unsere Gesichter der Wand zugekehrt waren, konnten wir nur ahnen, was vor sich ging. Vielleicht würden sie Lena umbringen, weil sie für uns eintrat. Bald würden Schüsse fallen in diesem uns so teuren Zimmer, wo wir die Mahlzeiten eingenommen, Feste gefeiert, Musik angehört hatten – und damit war dann alles zu Ende. Die Tapete vor meinen Augen, sie würde das letzte sein, was ich sehen würde. Unsere blutenden Leichen würden auf einem Haufen übereinanderliegen, und die Plünderer würden unsere Wohnung ausrauben.

Da geschah ein Wunder. Die Worte unseres Dienstmädchens stimmten die Killer um. Sie senkten die Gewehre und ließen von uns ab. Sie packten ein paar Wertsachen und zertrümmerten einige Nippes, als sie abzogen, aber wenigstens waren wir noch am Leben. Wir umarmten Lena und klammerten uns in stummer Dankbarkeit aneinander. Dann aber krümmten wir uns zusammen, als wir aus den Wohnungen nebenan Schüsse hörten. Die anderen Juden hatten keine Lena, die sich für sie einsetzte.

Als die Nazis das Ruder übernahmen, machten sie den wahllosen Plünderungen und Mordtaten der Litauer ein Ende – um sie durch ein systematischeres und noch brutaleres Gemetzel zu ersetzen.

Der deutsche Angriff auf Rußland begann am 22. Juni 1941. Schon am 10. Juli hatten die Nazis das Heft so fest in der Hand, daß sie anordneten, die Juden hätten beginnend mit dem 12. Juli gelbe »Judensterne« zu tragen. Ich weiß nicht mehr genau, wie sie die Sterne verteilten. Ich glaube mich zu erinnern, daß meine Mutter sie auf unsere Kleider nähte, vorne und hinten. Ich schämte mich nie, den Judenstern zu tragen. Die Nazis haben mich nie dazu gebracht, mein Jüdischsein als Schande zu empfinden.

Nach dieser Periode wahlloser Ausschreitungen waren wir etwas erleichtert, als die Deutschen eine Art Ordnung durchsetzten. Doch die Entwicklung schritt sehr rasch voran. Wenn wir Juden uns irgendwelchen Illusionen hingaben, welche Behandlung wir von den Nazis erwarten könnten, war es damit bald vorbei.

Wie soll man das merkwürdige und grausame Gefühl der Desorientierung vermitteln, das mich verstörte? Deutsch war meine Muttersprache. In meiner Familie taten wir uns viel darauf zugute, es einwandfrei zu sprechen. Meine geliebten Kinderbücher waren alle auf deutsch geschrieben. Meine Freunde und Lehrer in der

Schule in Memel waren Deutsche gewesen. Nun aber waren Deutsche zu Killern geworden. Auf nichts, was sie sagten oder taten, konnte man vertrauen. Alles war nur eine Maske für Mord.

Im Juli und August trieben die Deutschen die 30000 in Kowno verbliebenen Juden über den Njemen in die Vorstadt Slobodka, wo sie ein Getto errichteten. Es dauerte Tage, bis wir alle in dem Getto zusammengefaßt waren. Das war der endgültige Schlußstrich unter unser »komfortables« Leben. Zusammen mit den Zehntausenden anderer Juden aus Kowno waren wir aus unserem Heim vertrieben worden und besaßen nur noch, was wir mit unseren Händen tragen konnten. Ich packte einige von meinen hübschen Kleidern und ein paar Kinkerlitzchen ein, die ich für wertvolle Schmuckstücke hielt. Ich war zwar kein verspieltes kleines Mädchen mehr, nahm aber trotzdem meinen Teddybären und meine Puppe Leslie mit. Ich hatte Leslie aus Frankfurt mitgebracht. Sie war das letzte, was mir aus meiner glücklichen Kindheit geblieben war, und es gelang mir, sie zu behalten, bis 1944 das Getto zerstört wurde.

Wer es sich leisten konnte, mietete sich bei den Litauern zu gesalzenen Preisen Leiterwagen. Auch uns gelang es, einen solchen zu bekommen. Wir beluden ihn mit allem, was wir retten konnten, und zogen ihn durch die Straßen, auf die heiß die Sonne herabschien. Die Armen mußten ihre paar Habseligkeiten selbst tragen. Kinder, die selbst noch kaum laufen konnten, schleppten, was sie nur schleppen konnten. Brutale deutsche Soldaten brüllten uns an und trieben uns vorwärts. Die Sonne brannte gnadenlos auf uns herab. Wir waren verängstigt und schwitzten und keuchten unter unserer Last. Alle überquerten auf einer breiten Betonbrücke den Fluß, Gesunde und Kranke, alt wie jung, Mütter mit versteinerten Gesichtszügen, die ihre Babys auf den Armen trugen. Ich dachte immer wieder an den Auszug aus Ägypten, wie

Tausende von Juden mit ihren Habseligkeiten auf dem Rücken durchs Rote Meer zogen. Wir aber zogen nicht aus der Knechtschaft in die Freiheit. Wir wanderten in eine Versklavung, die grausamer war als alles, was die Ägypter den Israeliten je zugefügt hatten.

Als wir das Gettoareal erreicht hatten, mußten wir eine zweite Brücke überqueren, eine schmale Holzbrücke, die Juden auf Geheiß der Nazis gezimmert hatten. Ich hatte in Brücken immer Symbole der Hoffnung gesehen, Bauwerke, die verbinden, die Menschen über ein Hindernis hinwegführen. Doch diese Brücke war eine Brücke der Verzweiflung.

Hie und da waren die Mauern in Slobodka mit einem hellen Rot bespritzt, und diese Farbflecke stimmten mich froher, denn Rot war meine Lieblingsfarbe. Ich weiß noch, daß ich, um meine niedergeschlagenen Eltern aufzumuntern, sagte: »Schaut, die hübsche Farbe dort!« Sie brachten es nicht übers Herz, mir zu sagen, daß es Menschenblut war.

3. Kapitel *Ins Getto verbannt*

Meine Kindheit ging am 15. August 1941 zu Ende, als die Nazis das gesamte Getto von Kowno mit einem Drahtzaun umgaben. Während wir in das Getto einzogen, brüllten uns die Deutschen, die uns überwachten, Drohungen über Lautsprecher zu, damit wir uns rascher voranbewegten. Niemand tat den Mund auf, um sich zu beschweren oder zu protestieren oder auch nur eine einfache Frage zu stellen. Jeden Augenblick konnte man erschossen werden. Noch heute bekomme ich Angst, wenn ich irgendwo auf der Straße einen Lautsprecher höre.

Wir wurden zu Gefangenen, denen es verboten war, das Getto zu verlassen, wir wurden in Quartiere gepfercht, die für die vielen Menschen nicht ausreichten, von der Außenwelt abgeschnitten, der Verbindung mit anderen jüdischen Gemeinden beraubt, und gänzlich schutzlos. Es gab kein unparteiisches Gericht, keine Regierung, an die wir uns wenden konnten, wir hatten nicht den geringsten politischen Einfluß und keinerlei Zugang zu dem, was man heute »die Medien« nennen würde. Wir waren umgeben von deutschen Soldaten und der litauischen Bevölkerung, die bewiesen hatte, daß sie gegenüber den Juden eine mörderische Feindseligkeit empfand.

Als Kind ahnte ich nichts von der Allgemeinsituation; ich wußte nur, daß für Juden das Leben höchst gefährlich geworden war und daß ich mich fortan nicht mehr frei bewegen konnte – was sehr schmerzlich war.

Das Viertel Slobodka, das die Nazis zum Getto machten, war ein blühendes Zentrum jüdischer Gelehrsamkeit gewesen, Heimstätte vieler bedeutender Jeschiwas, darunter die hochangesehene Slobodka-Jeschiwa, eine der größten talmudischen Hochschulen in der jüdischen Welt, Mittelpunkt einer kraftvollen sittlichen und geistigen Tradition. Diese Jeschiwa war der Sammelpunkt einer lebenskräftigen ultraorthodoxen Gemeinschaft gewesen: Lehrer, Rabbis und andere Menschen von tiefer Religiosität, die in einer Atmosphäre der Frömmigkeit leben wollten.

Ende Juni, ehe die Deutschen uns in Slobodka zusammenpferchten, erlaubten sie den Litauern, dort ein gnadenloses Massaker zu veranstalten, Synagogen zu entweihen, Thorarollen zu vernichten und mehr als tausend Menschen niederzumetzeln, zumeist Rabbiner, Jeschiwaschüler und ihre Angehörigen. Ihr Blut war es, das die Mauern des Viertels rot gefärbt hatte.

Obwohl die orthodoxe Gemeinde in Slobodka hingeschlachtet worden war, reichte dennoch für die übrigen Juden Kownos der Platz nicht aus. Die Nichtjuden in Slobodka, die in armseligen städtischen Quartieren gehaust hatten, wurden angewiesen, diese zu räumen, und an ihre Stelle traten Juden, die schöne, geräumige Wohnungen in begehrten Gegenden gegen ein einziges Zimmer in einer Mietskaserne für Arbeiter vertauschen mußten.

Unsere Familie landete in einem Einzelzimmer, etwa zwölf Quadratmeter groß, das nichts enthielt als vier Betten und einen Wandschrank. Draußen auf dem Korridor waren eine kleine Küche und ein Bad. Abgesehen von den drei Tagen in der Gefrierkammer hatten wir noch nie unter so beengten Umständen gewohnt. Trotzdem erinnere ich mich, daß ich froh war, als wir dort endlich ankamen. Wir waren aus unserem Heim und durch die Straßen getrieben worden, ahnungslos, was uns bevorstand, oder ob wir noch den Sonnenuntergang dieses Tages erleben würden. Jetzt hatten wir zumindest ein Dach über dem Kopf, so klein das Zimmer auch war.

Als die Deutschen uns befahlen, unsere Wohnungen in Kowno zu verlassen und in das Getto in Slobodka zu ziehen, hieß es, wir sollten unser ganzes Geld und sämtliche Wertsachen mitnehmen. Meine Eltern, die sich den Kopf darüber zerbrachen, was die Zukunft für uns bereithalten mochte, nahmen dies als ein gutes Vorzeichen. Die Deutschen, so überlegten sie, müßten ein neues Leben für uns planen, welcher Art auch immer, sicher kein so gutes wie das vor der russischen Invasion Litauens und nicht einmal so gut wie das in der kurzen Periode, bevor wir ins Getto geschickt wurden – als alle den gelben Stern tragen und willkürliche Diskriminierung erdulden mußten –, aber immerhin ein Leben. Wenn sie vorhatten, uns umzubringen, warum verlangten sie dann von uns, unsere Wertgegenstände mitzunehmen?

Ich erinnere mich noch, wie wir packten. Unser Haushalt war im Vergleich zu dem in Frankfurt und in Memel ohnedies bereits ziemlich reduziert, aber wir besaßen noch immer schöne Sachen: Mobiliar, Teppiche und Nippsachen, die wir zurücklassen mußten, Sachen zum Anziehen, die zuviel Platz in Anspruch genommen hätten oder zu schick waren, um sie mitzunehmen: die hocheleganten Kleider meiner Mutter, die Maßanzüge meines Vaters, meine eigenen Partykleider und Lackschuhe. Es tat weh, von einigen der Puppen und Bücher, die ich in meinem Koffer nicht mehr unterbrachte, und von den hübschen Röcken und Blusen, die ich nie wieder tragen würde, Abschied nehmen zu müssen.

Meine Mutter nahm ihren gesamten Schmuck mit, keine großartigen Schätze, aber Dinge, die für sie kostbar waren, weil Vater sie ihr während der Jahre ihrer Ehe zu bestimmten Anlässen geschenkt hatte: ein paar Goldringe und Armbänder, einige Halsketten mit wertvollen Steinen, zwei Perlenohrringe. Sie nahm sie nacheinander in die Hand und verstaute sie sorgfältig in ihrer Schmuckschatulle. Mein Vater legte ein paar seiner eigenen Sachen dazu: eine goldene Uhr mit Kette, ein paar Krawattennadeln, Manschettenknöpfe, Kragenknöpfe und einige Ringe.

Sie waren sich klar darüber, daß sie in der ungewissen Zukunft vermutlich alle diese Gegenstände gegen Lebensmittel würden eintauschen müssen. Wie viele Brotlaibe würde Mutters Verlobungsring einbringen? Wie viele Eier war diese Kameebrosche wohl wert? Die Schmuckgegenstände waren für uns wenigstens eine gewisse Sicherheit.

Wir entluden den kleinen Leiterwagen und verteilten unsere Sachen, so gut wir konnten. Meine Eltern, die erschöpft waren, ruhten sich aus, aber Manfred und ich waren quirlige Kinder.

In dem Zimmer roch es ähnlich wie in Herrn Jonas' Fleischerladen. Offensichtlich hatte auch hier jemand aus Eimern Farbe gegen die Wände geschüttet. Ich ging hin und berührte mit dem Finger einen der roten Flecke. Niemand brauchte mich aufzuklären. Ich erkannte, daß es menschliches Blut war.

Unser Zimmer befand sich in einem großen Komplex von Mietskasernen, langen Gebäuden mit separaten Eingängen, um einen großen Innenhof gruppiert. Die Häuser waren zweistöckig, Gebäude, lang wie Eisenbahnzüge. Die Eltern meiner Mutter und meine beiden Onkel bezogen eine Wohnung in der Nähe.

Wenn man angesichts dieser Umstände von Glück sprechen kann, hatte unsere Familie das Glück, daß sie zusammenblieb. Als wir vor den Nazis aus Memel nach Kowno geflohen waren, begleitete uns natürlich die Familie meiner Mutter, abgesehen von meiner Tante Tita, die mit ihrem Mann nach Riga ging. Meine beiden Onkel, Jakob und Benno, hingen sehr an ihren Eltern und wohnten bei ihnen. Im Getto waren, wie erwähnt, meine

Großeltern und meine beiden Onkel in der Nähe untergebracht, und es machte noch immer viel Freude, sie zu besuchen – eine Erinnerung an die alten Zeiten. Wir brachten unseren Großeltern Lebensmittel, da sie als Nichtarbeitende keinen Anspruch auf Rationen hatten. Wenn ich außerhalb des Gettos arbeitete, nutzte ich jede Gelegenheit, etwas zum Essen für sie zu stehlen.

Hinter unserer Mietskaserne lag ein großer, ungepflegter Hof. Als Vater sah, wie klein und karg unser Zimmer war, wurde ihm klar, daß es für den Schmuck kein sicheres Versteck gab. Was sollte irgend jemanden davon abhalten, während wir abwesend waren, ins Haus zu schleichen und unsere Sachen zu stehlen? Keiner von uns konnte vierundzwanzig Stunden am Tag das Zimmer hüten.

In einer mondlosen Nacht, bald nach unserer Ankunft im Getto, stahlen sich mein Vater und mein Bruder in den Hof und vergruben die meisten Schmucksachen hinter dem Haus. »Jetzt haben wir Geld auf der Bank«, scherzte Vater, als sie wieder hereinkamen und sich die Erde von den Händen wuschen.

Hinter sämtlichen Mietskasernen lagen vernachlässigte Höfe. Zwischen dem Unkraut und fern den Augen ihrer Eltern spielten die kleineren Kinder ausgelassene Spiele. Aber ich wollte mich ihnen nicht anschließen. Eine rasche Persönlichkeitsveränderung hatte sich in mir vollzogen. Ich erkannte, daß dies keine Zeit zum Spielen war. Für mich waren die verwilderten Höfe ein Symbol der Gefahr, nicht der Freiheit.

Ich kann mich nicht erinnern, ob ich im Getto gleichaltrige Freunde hatte. Bis zum Kriegsausbruch hatte ich nur zwei Jahre in Litauen gelebt, nicht genug Zeit, um wirklich enge Freundschaften zu schließen. Ich war kein einsames kleines Mädchen, aber ich war gerne für mich.

Auf Befehl der Nazis wurde sofort ein »Judenrat« gebildet, und mein Vater begann dort, zusammen mit acht weiteren Männern, in dem Büro zu arbeiten.

Ein paar Tage bevor das Getto von der Außenwelt isoliert worden war, kam eine Bekanntmachung über die Lautsprecher: Universitätsstudenten und -absolventen könnten eine Spezialbeschäftigung erhalten; da nur ein paar Hundert solcher Arbeitsplätze zur Verfügung stünden, sollten sich alle daran Interessierten unverzüglich auf einem bestimmten Platz einfinden.

Viele der Juden in Kowno waren gut ausgebildete Akademiker, Ingenieure, Ärzte, Apotheker. Sie hatten ihre Kinder bestärkt zu studieren, damit sie es zu etwas brachten. Der Krieg hatte dem Einhalt geboten, nun aber schienen die Nazis diesen jungen Männern eine Chance zu bieten. Ihre Ausbildung würde sich bezahlt machen.

Hunderte intelligenter junger Männer fanden sich mit ihren Diplomen und Immatrikulationsbescheinigungen auf dem Platz ein, voll Freude, eine Beschäftigung beginnen zu können, die es ihnen ermöglichte, ihre Eltern zu unterstützen und den Krieg zu überstehen. Die Deutschen brachten sie weg, und mehrere Tage hörte man nichts mehr von ihnen. Später erfuhren wir, daß sie ausnahmslos kaltblütig mit Maschinengewehren niedergeschossen worden waren.

Das Leben im Getto war eine abstumpfende, deprimierende Schinderei, immer wieder unterbrochen von solchen Greueltaten. Zu unserem »normalen« Tagesablauf gehörten willkürliche Mordtaten, Appelle, Selektionen, und was die Deutschen als »Aktionen« bezeichneten. Sie liquidierten systematisch die Arbeitsunfähigen, aber selbst wenn man arbeitstauglich war, war man nicht sicher, denn es bereitete ihnen großes Vergnügen, Gettobewohner umzubringen. Sie hatten, besonders im ersten Halbjahr, ein tägliches Mordkontingent: Tag für Tag wurde eine bestimmte Anzahl Juden aus reiner Willkür erschossen. Die Nazis griffen sich einfach Leute auf der Straße oder holten sie aus den Häusern, ohne einen bestimmten Grund.

Eines Sonntags hörten wir Schüsse aus der Mietskaserne neben der unseren. Aus irgendeinem Grund beunruhigten diese Schüsse meine Mutter mehr als sonst, obwohl im Getto häufig geschossen wurde. Wir durften zwar unsere Quartiere verlassen, aber es war gefährlich, sich auf die Straßen zu wagen. Ständig streiften SS-Leute umher, die Leute einfach umbrachten, wenn ihnen danach zumute war. Man konnte nie wissen, ob man selbst oder ein geliebter Mensch nicht vielleicht irgendwann verhaftet oder niedergeschossen würde. Es war Frühling. Ich erinnere mich noch an die frische Luft, die mild wärmende Sonne, die belaubten Bäume. In den Höfen hinter den Häusern wucherten Gras und Unkraut und bunte, wildwachsende Blumen. Die Schüsse kamen ganz aus der Nähe des Hauses, in dem Großmama und Großpapa untergekommen waren. Meine Mutter wußte: »Es kommt aus dem Hof meiner Eltern!« Sie stürzte aus dem Haus, in die Richtung, woher der Lärm der Schüsse kam – was tollkühn von ihr war. Da ich sie nicht aufhalten konnte, folgte ich ihr.

Als wir in den Hof meiner Großeltern kamen, sahen wir als erstes Großmama. Zwei Deutsche hielten sie fest, während sie sich ihnen zu entwinden und das Ende des Hofs zu erreichen versuchte. Großmama schrie. Ich hätte nie gedacht, daß sie so laut schreien könnte. Dann sahen wir weitere Uniformierte, die gerade im Begriff waren, Onkel Benno zu einer Mauer zu schleppen. Sie hatten sich mit Gewalt Zutritt zur Wohnung meiner Großeltern verschafft und Benno gepackt. Sie hatten ihn mit Fußtritten die Treppe hinabbefördert. Andere Soldaten hatten Großmama ergriffen und sie gezwungen mitzukommen. Sie flehte sie um Erbarmen an, was die Eindringlinge nur erheiterte.

Warum hatten sie sich Benno als Opfer ausgesucht? Er

war doch nur ein ernsthafter junger Mann, ein guter Sohn, ein reizender Onkel. Er hatte nichts mit dem Untergrund zu tun, spielte keine führende Rolle, aber er war ein Akademiker, ein Anwalt. Der Grund war, daß die Deutschen die jüdischen Intellektuellen demütigen, uns zeigen wollten, daß die persönlichen Qualitäten und Leistungen eines Juden für sie überhaupt nicht existierten. Benno hatte, wie alle anderen, Schwerarbeit verrichtet, aber das war noch nicht entwürdigend genug gewesen. Die Nazis hatten beschlossen, ihn in ihr tägliches Mordkontingent aufzunehmen.

Die SS-Leute hatten nur Benno und seine Mutter mitgenommen und Großpapa und Jakob in der Wohnung zurückgelassen. Die beiden waren den Kerlen aus Angst nicht nach unten gefolgt. Andernfalls wären zweifellos auch sie umgebracht worden. Mein Onkel sagte kein einziges Wort. Großmama, hysterisch vor Angst und Schmerz, mußte erleben, wie der eigene Sohn vor ihren Augen ermordet wurde.

Die Männer, die ihn festhielten, wußten, wer er war. Derjenige, der das Kommando führte, sagte zu Großmama: »Jetzt wirst du sehen, wie dein Sohn, der Herr Anwalt, vor deinen Augen abgeknallt wird. Wir werden ihn beseitigen.« Großmama flehte sie um Erbarmen an. »Ihr könnt mir doch nicht meinen Sohn nehmen. Das kann doch nicht sein!« Doch die SS-Leute ließen sich in ihrer Mordlust nicht beirren.

Sie stießen Großmama und Benno, ihren jüngeren Sohn, hinaus in den Garten. Sie zerrten Benno zu der Mauer hin, während zwei von ihnen meine Großmutter festhielten. Sie schubsten ihn an die Mauer und schossen ihm dreimal in den Rücken.

Onkel Benno hätte nichts tun können, um dem Tod zu entgehen, und so war es bei den meisten Menschen, die die Nazis ermordeten, doch einige starben, weil sie die Hoffnung aufgegeben hatten.

Ich erinnere mich an Mütter im Getto, die für sich selbst resigniert hatten. Sie fanden sich mit ihrem Tod als etwas Unvermeidlichem ab, aber sie konnten den Gedanken nicht ertragen, daß ihre Babys ihr Schicksal teilen würden.

Manchmal gelang es einer Frau, eine Vereinbarung mit einer litauischen Bauernfamilie zu treffen, die, oft für Geld, bereit war, das Baby zu übernehmen. Davon wußte ich und erlebte es auch in unserer Mietskaserne: Mütter hüllten ihre Kleinkinder in weiche Sachen und betteten sie in Jutesäcke. Dann betäubten sie sie mit Schlafpulver, damit sie nicht zu schreien begannen, und in der Nacht warfen sie die Babys über den Gettozaun, an dem die Bauern warteten. Diese Erinnerung, wie jüdische Mütter ihre Babys an nichtjüdische Bauern weggaben, weil dies für die Kleinen die einzige Überlebenshoffnung war, ist mir ebenso stark gegenwärtig wie alles, was mir widerfuhr. Als ich dann selbst Kinder bekam, und als ich später Großmutter wurde, versuchte ich mir vorzustellen, was in den Herzen dieser jungen Mütter vorgegangen war, die ihre Babys aufgaben – ein Akt tragischer, verzweifelter, selbstloser Liebe.

Es war die einzige Überlebenschance für diese Babys. Sie alle wären bei einer der »Aktionen« umgebracht worden, ehe das Getto liquidiert wurde. Manche dieser Säuglinge blieben tatsächlich am Leben. Eine Cousine von mir wurde über den Zaun geworfen und von einem Bauern durch den Krieg gebracht. Irgendwie wurde sie ihrer Familie zurückgegeben, und Anfang der siebziger Jahre kam sie aus der Sowjetunion nach Israel. Ein anderer Verwandter von mir wurde von einer volksdeutschen Familie gerettet, die ihn aufzog und zu der er noch heute engen Kontakt hat.

Im Getto bestand Knappheit an allem, besonders aber an Lebensmitteln. Die Deutschen gaben zwar Lebensmittelkarten für Grundnahrungsmittel aus, aber für eine richtige Ernährung reichten sie nie – ein paar Gramm Brot oder Mehl, ein bißchen Wurzelgemüse, kein frisches Gemüse oder Obst, kein Fleisch, keine Molkereiprodukte. Wir mußten unsere Rationen mit dem ergänzen, was wir heimlich und zu exorbitanten Preisen bei den litauischen Bauern kaufen konnten, die Möglichkeiten fanden, mit uns gewinnbringenden Kontakt aufzunehmen. Deshalb war es beruhigend zu wissen, daß wir Mutters Schmuck ausgraben und verkaufen konnten, wenn wir nichts mehr zu essen hatten. Doch im September 1941 erließen die Deutschen eine Bekanntmachung: Die Juden im Getto von Kowno hätten sämtliche Wertgegenstände abzuliefern. Sie sollten sie auf den Küchentisch legen, und dann würden die Deutschen von Wohnung zu Wohnung gehen und die Wertsachen beschlagnahmen. Falls jemand ertappt werden sollte, der nach der Aktion Gold oder Edelsteine versteckt hielt, würden zur Strafe hundert Juden umgebracht werden.

Wieder war ein Hoffnungsstrahl erloschen.

Wir waren geängstigt und unschlüssig. Nur mein Bruder schwankte nicht. Vater und er hätten den Schmuck so gut versteckt, daß er niemals gefunden werden könnte. »Die Kinder sind überall im Hof herumgerannt, so daß von dem Loch, das wir gegraben haben, keine Spur mehr vorhanden ist. Warum sollten wir etwas abliefern?«

Dagegen wandte Mutter ein: »Wenn sie kommen und wir haben nichts, wird sie das argwöhnisch machen. Sie werden uns durchsuchen, verprügeln, vielleicht sogar umbringen. Wir müssen wenigstens ein paar Schmuckstücke opfern.«

Vater sah das Dilemma ganz klar. Wir säßen so oder so in der Bredouille. »Wenn wir jetzt ein paar Stücke ausgraben und die übrigen in dem Versteck lassen, werden wir möglicherweise dabei beobachtet und denunziert. Egal, wieviel Mühe wir uns auch geben, wir werden Spuren auf dem Boden hinterlassen, und dann merken die Leute, daß da jemand gegraben hat. Finden die Nazis das Loch und die Wertsachen, werden sie aus dem nächstbesten Haus Leute herauszerren und erschießen. Wenn die Nazis nichts merken, dann entdeckt sicher ein Dieb die Stelle und gräbt den Schmuck selber aus.«

Was sollten wir tun? Die von den Nazis festgesetzte Stunde näherte sich rasch, und wir waren noch immer unschlüssig. Diese paar Schmuckstücke, der letzte Rest von unserem Wohlstand, unsere letzte Verbindung zu dem großen Haus in Frankfurt und meiner glücklichen Kindheit, hätten uns vor dem Hungern bewahrt. Sie waren unser ganzes Vermögen – eine bescheidene Handvoll Schmucksachen. Außerhalb des Gettos wären sie kein großer Schatz gewesen, hier aber waren sie alles, und wir mußten sie ausliefern. Es tat weh. Es war empörend. Es war grausam. Vor allem aber: Was bedeutete das für unsere Zukunft?

Überall im Getto rangen Juden schmerzerfüllt um die gleiche bittere Entscheidung: den Schmuck auszuliefern oder das ständige Risiko eines grausamen Todes auf sich zu nehmen. Aber war das Risiko eigentlich größer? Die Nazis erschossen ja ohnehin kaltblütig Menschen, wann immer sie Lust darauf hatten. Niemand wußte, wenn er das Haus verließ, ob er an diesem Tag zurückkommen würde. Warum es nicht darauf ankommen lassen? Vielleicht würden schließlich die Russen die Deutschen wieder aus Litauen vertreiben. Der Krieg mußte irgendwann zu Ende gehen. Dann würden wir den Schmuck ausgraben und könnten damit ein neues Leben beginnen. Wenn wir ihn ablieferten, blieb uns nichts. Es war eine schwere Entscheidung. Mein Vater rang sich dann doch zu dem Entschluß durch, ihn auszugraben und herzugeben, weil er Unschuldige nicht in Gefahr bringen wollte. Sollten die Nazis ihn entdecken und zufällig gerade Kinder in der Nähe des Verstecks spielen, würden sie diese oder andere

Unschuldige, die sich dort aufhielten, bedenkenlos niederschießen. So gruben mein Vater und Manfred eine Stunde, bevor die Deutschen kamen, um die Wertgegenstände abzuholen, unseren Schmuck wieder aus. Wir arrangierten die Stücke wohlgeordnet auf dem Küchentisch und betrachteten sie wehmütig, während wir auf die Deutschen warteten. So viele Erinnerungen hingen daran. Mutters Geburtstage, die Hochzeitstage meiner Eltern, festliche Ereignisse, die mit einem kostbaren Präsent gefeiert wurden. Wieviel Hoffnung verkörperten sie für uns!

Als die Soldaten in unser Zimmer platzten, es ganz mit ihrer düsteren, bedrohlichen Präsenz ausfüllten, mit dem Geruch nach Tabak, Gewehröl, Leder und Schweiß, mit ihren rauhen Stimmen, und nur so zum Spaß Manfred ins Gesicht schlugen, zwang ich mich, nicht zu weinen, keinen Schreckenslaut von mir zu geben, sondern sie nur stumm zu beobachten, wie sie mit bürokratischer Genauigkeit eine Liste von den Sachen machten, die sie mitnahmen. Wir gaben uns nicht der Illusion hin, der Schmuck würde möglicherweise zurückgegeben werden. Die Liste wurde nur aufgestellt, um zu verhindern, daß einer der Soldaten irgend etwas in die eigene Tasche verschwinden ließ. »Ein Paar Diamantenohrringe«, schrieben sie auf, »ein Perlenhalsband, ein Paar silberne Manschettenknöpfe, eine goldene Uhr mit Kette.« Sogar meine paar Kinkerlitzchen verschwanden zusammen mit dem anderen Schmuck, eine einfache Haarnadel, ein Reif mit einem Talisman, ein winziger Goldring.

Im Getto löste sich das religiöse Leben auf. Ich wußte kaum mehr, wann Sabbat war. An Feiertage kann ich mich nicht erinnern. Vater betete jeden Morgen zu Hause. Ich sehe ihn noch vor mir, wie er die Gebetsriemen anlegte. Während der ganzen Zeit im Getto lehnte er sich, anders als ich, nie gegen Gott auf. Ich suchte nach Gott und konnte Ihn nicht finden. Wo war in der Welt Gerechtigkeit?

Auch ohne Glauben mußten wir uns irgendwie an der Hoffnung festhalten. Man wußte nie, was der nächste Tag bringen würde. Man war auf das Schlimmste gefaßt und hoffte doch auf ein Wunder. Eine Befreiung – kaum vorstellbar – war in zu weiter Ferne, als daß man darauf hätte setzen können, aber irgendwie brachten einige von uns es fertig, ein wenig Hoffnung aufrechtzuerhalten, die uns den Mut zum Weiterleben gab.

Vielleicht weil ich damals noch ein Kind war, erinnere ich mich nicht, daß ich Leute über die Kriegslage sprechen hörte, zumindest nicht während der ersten beiden Jahre im Getto. Dagegen hörte ich von Leuten, die aus dem Getto entkommen waren, besonders jungen Männern, die sich zu den Partisanen durchzuschlagen versuchten. Aber meine Familie hätte nicht gewußt, wohin sie fliehen sollte. Manfred und ich hätten es vielleicht geschafft, jeder für sich aus dem Getto zu entkommen, aber wir beschlossen, alle zusammenzubleiben. Soviel mir bekannt ist, hatten wir keinen Kontakt mit dem Untergrund. Wir versuchten einfach durchzukommen.

Die Gettojahre waren eine Zeit großer, unausgesetzter Furcht. Täglich wurden Menschen umgebracht. Von Zeit zu Zeit führten die Deutschen »Aktionen« durch. Dann gaben sie über Lautsprecher bekannt, daß wir zu Hause bleiben müßten und nicht zur Arbeit gehen sollten. Statt dessen sollten wir uns alle auf dem großen Platz versammeln, auf nackter, festgetretener Erde. Wir wurden in langen Reihen aufgestellt. Die SS-Leute stolzierten zwischen uns umher und ließen ihre Peitschen knallen, versetzten den Leuten Schläge, damit sie sich gerade hinstellten, oder schlugen auch völlig grundlos zu. Sie gingen zwischen den Reihen hindurch, trennten Leute voneinander, schickten Juden nach links oder nach rechts.

Sie ließen nichts darüber verlauten, daß rechts Arbeit und links den Gang in den Tod bedeutete. Aber wir Juden wußten Bescheid. Lange Stunden standen wir angsterfüllt da. Unsere Familie blieb dicht beisammen. Ich zwang mich, zu lächeln und möglichst reizend auszusehen, weil ich hoffte, mein Lächeln würde uns retten und bewirken, daß wir zusammenblieben. Tatsächlich hatten wir bis zu der großen »Kinderaktion« im Jahr 1944 Glück. Von Benno abgesehen, blieben wir alle am Leben und wurden auch nicht voneinander getrennt.

Ich gelobte mir im Getto, alles zu tun, um anderen Mut einzuflößen und die Hoffnung nicht aufzugeben. Nach dem Krieg wollte ich, falls ich am Leben blieb, anderen Menschen helfen. In meinem Kopf wimmelte es geradezu von Ideen. Man nannte mich »das Wunderkind«.

Die Träume gaben mir Kraft. Immer wieder in dieser Zeit träumte ich vom Land Israel, obwohl ich nicht im Geist des Zionismus aufgezogen worden war. Ich stellte mir eine Familie mit Kindern vor. An Alpträume kann ich mich nicht erinnern. Jede Nacht schlief ich mit dem Traum ein, daß wir nach dem Krieg im Land Israel ein neues Haus bauen würden, das voller Kinder sein müßte. Ich erzählte meiner Mutter von meinen Träumen. Es gab uns Gesprächsstoff. Mir gaben die Träume Mut. Sie gaben mir geistige Kraft und stärkten meinen Überlebenswillen. Ohne beides hätte man aufgegeben.

Die Kinder waren im Getto besonders verwundbar. Obwohl ich klein war und als jünger hätte gelten können, ging ich zum Arbeiten aus dem Haus. Ich mußte schuften wie ein Erwachsener, und das war unsere einzige Hoffnung. Wir glaubten, die Nazis würden gute Arbeiter nicht umbringen, weil sie ja Krieg führten und unsere Arbeitskraft brauchten. Außerdem bekam man keine Lebensmittelkarte, wenn man nicht arbeitete, und ohne Marken konnte man sich nicht ernähren – es sei denn, man stahl Lebensmittel oder kaufte sie auf dem Schwarzmarkt.

An dem ersten Morgen, an dem ich zur Arbeit ging, hatte ich große Angst. Zum Glück konnte ich an der Seite meiner Mutter bleiben. Unter den in Sechsergruppen aufgereihten Frauen stand ich neben ihr am Gettoeingang. Die Wachen durchsuchten uns, wenn wir es verließen, allerdings nicht allzu penibel. Genau durchsucht wurden wir erst bei der Rückkehr, weil man verhindern wollte, daß wir irgend etwas ins Getto hineinschmuggelten. Wurde man auch nur mit einer verfaulten Kartoffel erwischt, erschossen sie einen.

Trotzdem hielten wir jedesmal, wenn wir zur Arbeit das Getto verließen, die Augen nach allem offen, was auch nur halbwegs eßbar war, nach einer halb verfaulten Rübe auf einem Acker, einem Stück Brotrinde, das jemand weggeworfen hatte. Wir hoben, was wir fanden, möglichst schnell vom Boden auf, um dabei nicht von den Wachen gesehen zu werden. Quälte uns der Hunger zu sehr, aßen wir es auf der Stelle, aber wir versuchten, uns zu beherrschen und trotz der Gefahr alles Eßbare für alte und kranke Menschen ins Getto zu schmuggeln. Das machte uns erfinderisch: Wir nähten geheime Taschen, die wir »Malines« nannten, in unsere Kleider, um darin eßbare Kleinigkeiten oder auch andere Dinge zu verstekken, die vielleicht von Nutzen sein konnten.

Meine Großeltern waren zum Arbeiten zu alt und deshalb auf uns angewiesen. Jakob war zwar Arzt, mußte aber wie alle anderen körperliche Schwerarbeit leisten.

Wir marschierten im Sommer wie im Winter drei Kilometer weit zur Arbeit, und natürlich war es den Nazis völlig gleichgültig, ob wir anständige Sachen zum Schutz gegen die Witterung hatten. Wir zogen an, was von den Kleidern übriggeblieben war, die wir ins Getto mitgebracht hatten.

Wir arbeiteten jeden Tag, außer sonntags, oder wenn

uns die Nazis zu einer »Aktion« zusammentrommelten. Die Arbeit, die ich am längsten tat und an die ich mich am besten erinnere, war im Lazarett, auf dem Lande, außerhalb eines Dorfes bei Kowno, wo ich vorher noch nie gewesen war. Es war ein zweistöckiges Gebäude. Noch heute träume ich manchmal davon.

Für uns zuständig war kein weiblicher Kapo, sondern eine Frau aus der deutschen Zivilbevölkerung. In diesem Lazarett arbeiteten rund dreißig jüdische Frauen aus dem Getto von Kowno, zehn auf jeder Etage. Die Arbeit im Lazarett hatte viele Vorteile. Man war nicht im Freien und hatte es im Winter warm, und auf meiner Etage gab das Personal den arbeitenden Frauen sogar belegte Brote. Das war eine einzigartige Ausnahme. Zwei Scheiben frischgebackenes Brot mit einer dünnen Scheibe fetter, drittklassiger Wurst dazwischen war für uns eine unerhörte Delikatesse, der leckerste Imbiß, den man sich vorstellen konnte. Wir hatten einfach das unglaubliche Glück, daß die Krankenschwestern in unserem Teil des Lazaretts Mitleid mit uns empfanden. Sie hätten ebensogut unseren Hunger ignorieren oder uns, indem sie ihre eigene Verpflegung vor uns ausbreiteten, den Mund wässrig machen können.

Unsere Aufgabe in dem Lazarett bestand darin, die Toiletten sauberzuhalten. Wir mußten den widerlichsten Schmutz aufwischen: Erbrochenes, Eiter und Exkremente der Patienten. Doch zumindestens konnten wir uns am Ende des Tages waschen. Wenn ich die Toiletten und Pissoirs reinigte, dachte ich manchmal an meine verwöhnte Kindheit. Dann sah ich meine Mutter an, wie sie das schmutzige Porzellan schrubbte. Früher hatte sie Personal für die Hausarbeit gehabt. Was würden ihre Dienstmädchen wohl denken, wüßten sie, daß ihre frühere Arbeitgeberin nun Toilettenschüsseln putzte, acht bis neun Stunden täglich?

Ich kann nicht genau sagen, wie lange meine Mutter

und ich in dem Lazarett arbeiteten, ich weiß nur noch, daß es viele Monate waren. Während wir im Getto lebten, wurde die Zeit nicht durch spezielle Anlässe oder Daten in Perioden gegliedert. Jeder Tag mit seiner Furcht und Plackerei war wie der vorhergehende, außer wenn wir von irgendeiner neuen Greueltat erfuhren oder wenn die Nazis wieder ein neues Kontingent Juden zur Deportation und Ermordung selektierten.

Wir kamen nicht in Kontakt mit den Patienten im Lazarett, obwohl gelegentlich ein verwundeter Soldat einem zuwinkte oder auch einen Bissen zuwarf. Ich kann mich nicht erinnern, daß ich einen Amputierten oder einen Soldaten mit Kopfverband gesehen und gedacht habe: »Geschieht dir recht! Du hast bekommen, was du verdienst! Ich wollte, die Russen hätten dich umgebracht!« Aber ich betete zu dem Gott, an den ich nicht mehr glaubte, er möge dafür sorgen, daß die Deutschen so rasch wie möglich den Krieg verlieren würden.

Die Wachen, die uns zu unserer Arbeitsstätte begleiteten, blieben nicht den ganzen Tag bei uns. Es waren Soldaten der regulären Truppe, im Unterschied zu den SS-Angehörigen, die im Getto patrouillierten und kaltblütig Juden niederschossen. So sehr ich die SS auch haßte und fürchtete, wußte ich doch, daß nicht alle Deutschen gemeine Verbrecher waren. Aber die Soldaten, die nicht grausam waren, verhielten sich im allgemeinen distanziert. Um sich durchzuschlagen, war es wichtig, diejenigen herauszufinden, die sich noch einen Rest Gutherzigkeit bewahrt hatten, wie die Krankenschwestern, die uns in der Arbeit belegte Brote gaben. Manchmal gelang es mir, den Blick eines deutschen Soldaten auf mich zu lenken. Wenn ich mich dazu überwand, ihm ein reizendes Lächeln zu schenken, warf er mir vielleicht ein Stück Brotkruste zu, weil er mich so niedlich fand. Funktionierte dieser Trick, hob ich rasch das Stückchen Brot vom Boden auf, zwang mich, noch einmal zu lächeln und ihm in meinem besten Deutsch höflich zu danken. Aber ich war mir immer bewußt, daß der Soldat, der mir ein Stückchen Brot zuwarf, mich ebensogut hätte erschießen können, wäre ihm danach zumute gewesen.

Die Soldaten versuchten oft, die jüdischen Mädchen auszunutzen. Sie suchten sich eines aus und gingen auf dem Weg zur Arbeit neben ihm her, nahmen unauffällig Kontakt auf und erboten sich zu besonderen Gefälligkeiten, wenn das Mädchen bereit war, mit dem Betreffenden ins Bett zu gehen. Ich selbst war sehr streng, ja, prüde erzogen worden. In meiner Kindheit hatte ich nie erklärt bekommen, woher die kleinen Kinder kamen, und danach zu fragen hatte ich mich nicht getraut. Ich wußte, das war ein Thema, über das man einfach nicht sprach. In Frankfurt hatte einmal eine Jüdin ein uneheliches Kind bekommen, und ich erinnere mich noch heute, wie alles mit Fingern auf sie gezeigt hatte. Als ich erfuhr, daß einige Mädchen für Sex Lebensmittel für ihre Familien bekamen, verlockte mich nichts, es auch zu versuchen, aber die Vorstellung bedrückte mich, und ich sprach darüber mit meiner Mutter (natürlich nicht mit meinem Vater – eher wäre ich gestorben). Zu meinem Erstaunen wies sie die Möglichkeit nicht rundweg von der Hand. Hätte mein Leben wirklich davon abgehangen, hätte sie mir wohl ihre Zustimmung gegeben. Zum Glück kam es nie soweit. Diese spezielle Erniedrigung blieb mir erspart.

Allerdings: *Ein* junger Mann hatte doch ein besonderes Interesse an mir. Jeden Morgen, wenn ich mich zum Abmarsch zur Arbeit aufstellte, richtete ein Soldat mit einem zarten, sensiblen Gesicht es so ein, daß er neben meiner Sechserreihe stand. Es war ein schmucker junger Mann Mitte Zwanzig, hochgewachsen und mager, mit hellbraunem Haar, blauen Augen und einer langen Nase. Trotz seiner deutschen Uniform hatte er etwas Jüdisches an sich.

Ich war scheu, doch er gab schon bald klar zu verstehen, daß er keine sexuellen Absichten hatte. Er hatte einfach Zuneigung zu mir gefaßt und empfand Mitleid mit mir. Sehr vorsichtig, damit niemand etwas davon bemerkte oder erfuhr, unterhielt er sich jedesmal auf dem Weg zur Arbeit mit mir. Er sagte, er heiße Axel Benz, und seine Familie habe die Firma Mercedes-Benz gegründet. Er erzählte, einer seiner Vorfahren sei Jude gewesen, und drückte mir sein Mitgefühl für die Juden aus. Sie litten zu Unrecht, da sie nichts Unrechtes getan hätten. Er habe sich, erklärte er, nicht vor dem Wehrdienst drücken können, sei aber nur ein einfacher Soldat, kein Offizier und nicht bei der SS.

Axel Benz machte mir den langen, anstrengenden Marsch erträglicher. Ich freute mich schließlich auf seine Begleitung. Es war tröstlich zu wissen, daß es wenigstens einen freundlichen Nichtjuden auf der Welt gab, wenn er auch nichts tun konnte, um uns zu retten. Er muß unter den derben Soldaten schrecklich unter seiner Einsamkeit gelitten haben, da er aus Angst niemandem anvertrauen konnte, wie er wirklich dachte.

Unsere Freundschaft war von kurzer Dauer. Axel Benz' Einheit wurde in den Osten verlegt. Als er erfuhr, daß er Abschied nehmen mußte, schenkte er mir heimlich seine goldene Uhr, die sehr wertvoll war. Er zog sie vom Handgelenk, als gerade niemand hersah, und ich steckte sie in eine Geheimtasche in meinem Hemd.

»Vielleicht hast du eine Möglichkeit, sie gegen etwas Eßbares einzutauschen«, sagte er. »Vielleicht sehen wir uns nach dem Krieg wieder.«

Als sich unsere Wege trennten, warf er mir einen Blick zu, der sagte: »Bleib mir am Leben!«

Erstaunlicherweise gelang es ihm, nach dem Krieg Verbindung mit mir aufzunehmen, und er machte mir tatsächlich einen Heiratsantrag. Aber das ist eine andere Geschichte.

Ich hatte keine Zeit, mir Benz' Uhr genauer anzusehen. Sollte irgend jemand gesehen haben, wie er sie mir schenkte, war es aus mit ihm, mit mir und mit der kostbaren Uhr. Ich versteckte sie geschwind in meiner Bluse. Während ich in der langen Kolonne von Gettofrauen zur Arbeit ging, spürte ich, wie der kleine, kompakte Gegenstand gegen meine Brust schlug.

Bei der ersten Gelegenheit, als Mutter und ich beim Putzen der Toiletten allein waren, holte ich die Uhr heraus und zeigte sie ihr. Zusammen bewunderten wir das verblüffende Geschenk. Es war so etwas ganz und gar Ungewöhnliches, daß es einem fast angst machte, wie ein zauberkräftiger Talisman.

Wir hatten, seit wir all unseren Schmuck abliefern mußten, nicht auch nur annähernd etwas so Schönes gesehen. Benz' Uhr war sehr kostbar. Sie wäre schon normalerweise ein kleines Vermögen wert gewesen, aber für Juden, die im Getto eingekerkert waren und so gut wie nichts besaßen, war sie eine ungeahnte Kostbarkeit. Das Problem war allerdings, daß der Besitz von Schmuckgegenständen ein Kapitaldelikt war. Ich mußte die Uhr bei mir tragen, und sollte mich einer der Wächter damit erwischen, würde ich zweifellos auf der Stelle erschossen werden.

Ich durfte nicht das Risiko eingehen, daß sie jemand anderem in die Hände fiel. Wo sollte ich sie verstecken? Die goldene Uhr tickte so laut, daß ich schon fast erwartete, das Geräusch werde mich verraten. Ich mußte sie rasch loswerden, und doch hätte ich sie so gerne behalten. Wie lange war es her, daß ich ein hübsches Kleid mit einem Armband, einer Halskette oder einer Spange getragen hatte? Ich schmuggelte die Uhr bei der Rückkehr ins Getto an den Wachen vorbei, voller Furcht, ihre tastenden Hände würden den harten Gegenstand an meiner Brust entdecken. Als ich in unserem Zimmer war, holte ich sie hervor und betrachtete sie voll Bewunderung.

Ich trug Benz' Uhr eine Woche lang bei mir, und nachts verbarg ich sie unter meinem »Kopfkissen« aus Stofffetzen. Zu gerne hätte ich sie für immer behalten. Sie bedeutete mir so viel, weil sie mir von einem Soldaten des Feindes geschenkt worden war, weil sie etwas Verbotenes, ein Luxusgegenstand war und aus einer anderen Welt kam, die ich vor dem Krieg gekannt hatte und an die noch zu glauben aus der Perspektive des Gettos unmöglich war. Für mich war Benz' Uhr ein Zeichen der Hoffnung, an das ich mich klammerte. Vielleicht bedeutete es, daß ich das Ende des Krieges erleben würde. Aber es war gefährlich, die Uhr zu behalten, vielleicht sogar sinnlos.

Jeden Tag kamen wir auf dem Weg zur Arbeit, nicht weit vom Lazarett, an einem kleinen Gemischtwarenladen vorbei. Traurig und widerstrebend beschloß ich, die Uhr in diesem Geschäft gegen Nahrungsmittel einzutauschen. Wir durften selbstverständlich unsere Aufpasser nicht um Erlaubnis bitten, das Lazarett ein paar Augenblicke zu verlassen, um den Laden aufzusuchen. Sollte man mich erwischen, wie ich mich hinaus- oder hineinschlich, würde ich zuallermindest schlimme Prügel beziehen. Doch der Gedanke an all die Köstlichkeiten, die mich in diesem Geschäft erwarteten, war stärker als die Angst. Ich schmiedete einen Plan.

Ich hatte meist ein großes, buntes Kopftuch umgebunden. Das könnte ich mir so um die Schultern legen, daß es die gelben Sterne auf Brust und Rücken verbarg, und mich dann direkt unter der Nase des Pförtners aus dem Lazarett hinausstehlen.

Ich erzählte meiner Mutter nicht genau, was ich vorhatte. Sie wußte Bescheid, aber ich fragte sie nicht nach ihrer Einwilligung. Die Uhr war ein Geschenk des Himmels, eine Chance, die ich mir nicht entgehen lassen durfte. Ich mußte es tun, und sie mußte mich gehen lassen. Sie würde irgendwie für mich einspringen, sollte der Aufseher zufällig bemerken, daß ich fort war. Ich wußte, sie würde vor Angst zittern, bis ich wieder da war. Ich selbst würde vor Angst zittern, aber wenn das der Preis war, so war ich bereit, ihn zu zahlen und das Risiko auf mich zu nehmen.

Allein schon aus dem Lazarett hinauszukommen, verlangte Nerven. Ich arbeitete mich mit einem Besen langsam die Treppe nach unten, fegte sehr sorgfältig Stufe für Stufe und hielt zugleich nach Deutschen Ausschau. Der Pförtner war ein schläfriger, älterer Mann, der auf das kleine, putzende Mädchen mit einem Schal um den Kopf nicht achtete. Ich fegte die Treppe weiter, beinahe außerhalb seines Blickfeldes, und wartete, bis er allein war und in eine andere Richtung schaute. Dann versteckte ich rasch den Besen in einer Ecke und zog mir den Schal meiner Mutter auf die Schultern herab, wodurch die Judensterne auf meiner Kleidung verschwanden und mein blondes Haar zum Vorschein kam. Ich ging einfach an dem Pförtner vorbei und knickste vor ihm wie ein höfliches litauisches Bauernmädchen, das seinen Liebsten, einen Soldaten, im Lazarett besucht hat.

Ich trat hinaus auf den Gehsteig und fühlte mich zum erstenmal seit einem Jahr oder noch länger wie ein freier Mensch, sich selbst überlassen, vom Getto befreit, nicht als Jüdin gekennzeichnet. Natürlich hatte ich auch große Angst. Das Gefühl der Freiheit, das ich empfand, war reine Illusion. Das wußte ich. Ein jäher Windstoß konnte meinen Schal hochwehen und die Judensterne zum Vorschein bringen, und wenn sie mich erwischten, würden sie mich schlagen und dann erschießen. Wer weiß, vielleicht würden sie auch meine Mutter und all die anderen Frauen erschießen, die im Lazarett arbeiten mußten. Ich versuchte, nicht an solche Dinge zu denken.

Ich zwang mich, langsam zu gehen, als hätte ich Zeit in Hülle und Fülle, als wäre ich von keinerlei Gefahr umgeben. Ich ging dicht an zwei Soldaten vorbei, die mir auf deutsch zuriefen: »Wohin geht's denn, Schätzchen?« Ich antwortete auf litauisch: »Zum Laden, meine Herren.« Da ließen sie mich in Ruhe.

Jeden Tag, wenn wir an dem Geschäft vorbeikamen, hatte mein hungriger Magen meine Phantasie mit Bildern der Leckerbissen ergötzt, die darin vielleicht zu finden waren. Ich hatte von diesem Laden geträumt, davon geträumt hineinzugehen, auf alles zu zeigen, was lecker aussah, und es einfach zu verschlingen: Pralinen, Kekse, Kuchen, Brötchen und Butter. Und jetzt würde ich ihn endlich betreten.

Meine Hand zitterte heftig, als ich die Tür aufdrückte. In meinen Träumen war das Geschäft endlos groß gewesen, angefüllt mit Delikatessen. In Wirklichkeit handelte es sich um einen schlichten Gemischtwarenladen. Selbst in Friedenszeiten hätte er vermutlich kein sonderlich eindrucksvolles Warenangebot gehabt. Jetzt war wegen der kriegsbedingten Mängel das Sortiment besonders mager. Doch jemandem, der die Verhältnisse im Getto gewohnt war, wo ein Glas Marmelade eine Kostbarkeit war, erschien dieser kleine Kramladen wie ein Paradies. Allein schon die Gerüche machten mich schwindlig vor Freude, der Duft von Brot, Öl, Gewürzen, Gemüse, ein paar einfachen Käsesorten und Essiggurken, die in einem Fäßchen schwammen.

Ich befühlte Benz' Uhr und musterte die Nahrungsmittel. Was war klein genug, um es verstecken zu können, aber auch so teuer, daß es sich lohnte, die Uhr dafür herzugeben? Erst als ich in dem Laden stand, wußte ich, wie hungrig ich war.

Der Ladenbesitzer bemerkte meine Nervosität und beobachtete mich argwöhnisch. Ich hielt seinem forschenden Blick stand und bemühte mich, möglichst gelassen zu wirken, während ich meinen Spruch auf litauisch hersagte. »Ich habe kein Geld, mein Herr, aber ich möchte gern etwas Wertvolles gegen einige Lebensmittel eintauschen.«

»Was hast du denn?«

»Eine goldene Uhr.«

»Laß sehen.«

Zögernd holte ich die Uhr hervor und zeigte sie dem Mann. Er riß sie mir aus der Hand.

»Wo hast du die gestohlen?«

»Ich hab' sie nicht gestohlen.«

»Wer garantiert mir das? Wenn die Polizei mich mit gestohlenen Sachen erwischt, bekomme ich große Scherereien.«

Es war nicht schwer zu sehen, was im Kopf des Ladenbesitzers vorging. Er war ein feister Mann mit Glatze und einer schmutzigen Schürze um den Bauch. Sein Blinzeln verriet ihn.

»Dann geben Sie sie mir wieder.«

»Vielleicht behalte ich sie einfach und übergebe sie der Polizei. Für eine solche Uhr gibt es sicher eine schöne Belohnung.«

»Mein Freund bei der Wehrmacht hat sie mir geschenkt«, sagte ich. Dieser Teil war wahr. Der nächste nicht. »Ich werd' ihm sagen, daß Sie sie mir weggenommen haben. Dann wird es Ihnen leid tun.«

Ich machte, während ich Litauisch sprach, ein paar Fehler, aber ich hatte einen deutschen Akzent, und das machte ihn wahrscheinlich etwas unsicher. Er dachte ein, zwei Minuten über meine Drohung nach, während ich die Nahrungsmittel auf seinen Regalfächern fixierte und ihn zu übersehen versuchte. Schließlich sagte er, er werde mir für die Uhr ein paar Sachen zu essen geben.

Ich war bereit auszuwählen, wenn mir auch klar war, daß ich auf jeden Fall betrogen werden würde. Benz' Uhr war vermutlich mehr wert als alles in dem Laden zusammen.

Als erstes nahm ich drei große weiße Brötchen und legte sie auf den Ladentisch. Dann griff ich zu Reis und Zucker, Honig, Marmelade und Trockenobst – lauter

Dinge, die relativ teuer und süß aussahen und klein waren –, bis der Mann sagte: »Jetzt ist's genug. Schluß.«

Ich feilschte ein bißchen und zwang ihn, mich noch ein paar Süßigkeiten dazulegen zu lassen. Als ich die Sachen, so viele nur hineingingen, in den Geheimtaschen meiner Kleidung verstaute, muß der Lebensmittelhändler erraten haben, daß ich eine Jüdin war, aber er sagte nichts. Ich versuchte, nicht an die Uhr zu denken, das glänzende goldene Etui, die zarten Zeiger, das gleichmäßige Ticken. Es war entwürdigend, ein solches Geschenk gegen nichts mehr als einige Eßwaren einzutauschen, die in ein paar Tagen verzehrt sein würden. Ein solches Geschenk hätte man für alle Zeit aufheben müssen.

Bevor ich zum Lazarett zurückging, schlich ich mich hinter ein Haus, wo mich niemand sehen konnte. Ich hatte zwar Todesangst, daß man mich erwischen könnte, aber der Hunger war stärker. Ich holte ein kleines Glas Honig heraus und ließ davon auf ein Brötchen fließen. Was für ein köstlicher Augenblick! Trotz meiner schrecklichen Furcht aß ich so langsam wie möglich, um diesen seligen Augenblick in die Länge zu ziehen. Mein Körper versuchte zu wachsen, sich zu runden, zu reifen, aber er bekam so wenig Nahrung dafür. Ich versuchte zu spüren, wie das Brot und der Honig jede Zelle meines dürren, kleinen Gestells erreichten. »Lauf fort«, sagte irgend etwas in mir. »Geh nicht zurück in das Lazarett. Lauf in die Wälder. Lauf fort!« Aber wie konnte ich meine Mutter im Lazarett alleinlassen und es ihr aufbürden, die grausame Bestrafung auf sich zu nehmen, zu der mein Entweichen führen würde?

Mein Kopf drehte sich vor Seligkeit, weil ich endlich einmal einen vollen Magen hatte, und von dem berauschenden Gefühl, daß die Freiheit erreichbar war. Ich glaubte, nicht gerade stehen zu können, wenn ich mich vom Boden erhob. Allmählich kam ich wieder zu Verstand und machte mich vorsichtig auf den Rückweg zum Lazarett.

Der Lebensmittelhändler hatte mich eindeutig betrogen, denn Benz' Uhr muß zwanzig- oder dreißigmal soviel wert gewesen sein wie die Eßwaren, die mir der Mann gab. Trotzdem hatte ich viel mehr, als ich alleine essen, mehr, als ich auf einmal ins Getto schmuggeln konnte.

Ich begann, mir zu überlegen, wo ich die Sachen im Lazarett verstecken könnte. Ich würde ein kleines Geheimlager anlegen und dann jeden Tag ein bißchen von meinem Vorrat ins Getto schaffen. Aber als allererstes würde ich meiner Mutter ein Honigbrot machen. Am Morgen hatte ich Axel Benz' kleine, runde Uhr als Geheimnis bei mir getragen. Nun spürte ich, wie die versteckten Eßwaren an meinem Körper rieben, und ich stellte mir die Freude vor, die sie meinen Großeltern bereiten würden. Ich näherte mich dem Lazarett. Es sah jetzt anders aus, größer und bedrohlicher als am Morgen, als ich mit dem Trupp Arbeiterinnen angekommen war. Da war ich anonym gewesen, eine unter vielen. Nun war ich die einzige auf der Straße und auffällig.

Ich konnte nicht draußen stehenbleiben, den Eingang beobachten und den richtigen Augenblick abwarten, um hineinzugehen. Ich ging einmal vorbei und versuchte hineinzusehen, ohne auf mich aufmerksam zu machen. Ich ging bis zum Ende des Blocks, kehrte um und bewegte mich wieder in Richtung des Lazaretts. Ich beschloß, meinen ganzen Mut zusammenzunehmen, einfach hineinzugehen und dabei einen möglichst unbeschwerten, selbstsicheren Eindruck zu machen. Ich würde vor dem Pförtner knicksen, und wenn er mich fragen sollte, was ich hier wolle, würde ich ihm auf deutsch antworten. Vielleicht könnte ich ihm den Eindruck vermitteln, ich sei eine junge Volksdeutsche. Ich stellte mir vor, wie ich die Tür aufdrücken und den Pförtner lieb anlächeln würde. Ich dachte mir sogar ein Sprüchlein aus, das ich aufsagen wollte, falls er fragen sollte, was ich vorhätte: »Ich möchte meinen tapferen Freund, einen verwundeten Soldaten, besuchen.« Auch einen Namen dachte ich mir für mich aus: Christina Schmidt.

Wieder ging ich auf den Eingang des Lazaretts zu, da spürte ich plötzlich eine schwere Hand auf der Schulter, Finger, die sich in meine Muskeln eingruben, bis es weh tat. Von Panik erfaßt schaute ich mich um. Vier Soldaten hatten mich erwischt. »Wohin willst du denn, du stinkende Jüdin?« sagte der eine, der mich an der Schulter gepackt hatte. Bevor ich noch aufsagen konnte: »Ich bin keine Jüdin. Ich bin Christina Schmidt. Ich möchte meinen tapferen Freund, einen verwundeten Soldaten, besuchen«, hatte der Soldat, der mich festhielt, den Schal gehoben und damit die gelben Sterne auf meiner Brust und meinem Rücken bloßgelegt.

»Da hinauf mit ihr!« sagte der Anführer. Grob und ohne ein weiteres Wort zerrten sie mich eine steile Anhöhe hinauf. Als wir oben waren, warfen sie mich auf die Erde. Aus einer meiner Geheimtaschen rollte ein Glas Marmelade.

»Du kleine Diebin!« brüllten sie mich an. Sie zerrten an meinen Kleidern und leerten meine Taschen. Sie standen neben mir, die ich auf der Erde lag, und stopften triumphierend die kostbaren Sachen in sich hinein, die ich mit Axel Benz' Uhr erstanden hatte, Nahrungsmittel, die ich meinen Großeltern im Getto hatte bringen wollen. Was sie nicht essen konnten, schütteten sie aus und verstreuten es im Dreck.

»Eßwaren klauen, du schmutzige kleine Jüdin. Dafür werden wir dich umlegen«, sagte der Feldwebel, der der Anführer war. Sie zogen mich hoch und stießen mich an eine Mauer. »Du erschießt sie«, sagte der Feldwebel zu einem seiner Männer. Der Soldat trat ein paar Schritte zurück und legte auf mich an.

»Bringt mich nicht um!« bettelte ich sie an. »Was hab' ich denn getan? Ich habe diese Sachen nicht gestohlen.«

»Wie hast du sie dann bekommen, du verlogenes Schwein?«

Ich konnte ihm nicht die Wahrheit sagen. Wenn ich von Axel Benz' Uhr erzählt hätte, wäre er umgebracht worden und ich auch. Deutschen Soldaten war es verboten, mit den Juden zu sprechen, die sie bewachten, geschweige denn, ihnen etwas zu schenken. Hätte ich gesagt, mein Vater habe eine Uhr oder irgendeinen anderen Wertgegenstand aufgehoben, was verboten war, wäre er zusammen mit mir deswegen umgebracht worden. Ich dachte mir eine Geschichte aus: »Der Ladenbesitzer war meinem Vater aus der Zeit vor dem Krieg Geld schuldig.«

»Blutsaugerische jüdische Wucherer, aha!«

Ich senkte nur den Kopf und begann, das »Schema Israel« aufzusagen, das Gebet, das ein Jude in seiner Todesstunde sprechen soll. »Bitte, laßt mich zu meiner Mutter zurückgehen«, flehte ich sie an. »Meine Mutter und ich arbeiten im Lazarett. Ich habe mich nur kurz hinausgeschlichen. Ich habe es noch nie vorher getan. Ich schwöre, ich tu' es nie wieder. Laßt mich doch bitte gehen!« Ich hob die Augen und blickte die Soldaten, einen nach dem andern an, blickte ihnen ins Gesicht, besonders dem einen, dem befohlen worden war, mich zu erschießen. »Habt Erbarmen mit mir!« bettelte ich, und zu Gott rief ich: »Höre mich, Herr!«

Der Soldat, der zu meinem Henker ernannt worden war, hob sein Gewehr, aber ich merkte ihm an, daß er mich nicht erschießen wollte. Er schaute zu seinem Feldwebel hin, und ich tat das gleiche.

Schließlich sagte der Feldwebel: »Wir lassen dich laufen, aber nur dies eine Mal.« Die Soldaten zerrten mich die Anhöhe hinab und zum Eingang des Lazaretts. Der Feldwebel packte mich am Kragen und schleuderte mich durch den Eingang. Ich rappelte mich sofort auf und rannte die Treppe hinauf zu der Etage, auf der ich eigentlich bei der Arbeit sein sollte.

Ich war den Tränen nahe. Alles war schiefgegangen. Ich hatte die Uhr und sämtliche Eßwaren verloren, meine Kleider waren zerrissen, mein Körper schmerzte an den Stellen, wo die Soldaten mich gepackt, geschlagen und auf die Erde geworfen hatten. Ich fand meine Mutter in einer der Toiletten, wo sie gerade den Boden neben einem Urinbecken schrubbte. Ich hätte mich am liebsten ausgeweint, aber ich mußte mich neben meine Mutter knien und den Toilettenboden wischen.

Manche Kategorien von Zwangsarbeit im Getto waren besser als andere. Die wichtigsten Kriterien, anhand derer wir sie beurteilten, waren die Gefährlichkeit und die Möglichkeit, an eßbare Dinge heranzukommen. Ich habe schon erwähnt, daß wir im Lazarett manchmal von den Schwestern einen Extrabissen bekamen, und das war eine ganz besondere Dreingabe. Außerdem waren wir vor der Witterung geschützt, im Winter eine Wohltat. Doch während der heißen Sommermonate war es im Lazarett stickig und drückend. Der Gestank schwärender Wunden war unerträglich, der Schmutz in den Toiletten doppelt abstoßend. Die Arbeit war entwürdigend und ekelerregend, und man schwebte immer in Gefahr, sich durch den Kontakt mit dem Eiter und Kot der verwundeten Soldaten eine Infektion zuzuziehen.

Manchmal schickten sie uns nicht ins Lazarett, sondern zur Arbeit auf die Felder, und auch das hatte sowohl Vor- als auch Nachteile. Die Arbeit war viel anstrengender, und wir waren im Freien, der Witterung ausgeliefert, aber die Überwachung wurde etwas lockerer gehandhabt. Wir konnten uns unterhalten und Kartoffeln oder andere eßbare Dinge einstecken, wenn wir schnell und findig waren. Ich entwickelte mich zu einer Kartoffelexpertin. Ich merkte es einer zerquetschten und angefaulten, schmutzigen, weggeworfenen Knolle an, wenn sie noch ein bißchen Nährwert hatte. Heute erinnern mich Kartoffeln unfehlbar an die Zeit im Getto.

Die frische Luft belebte meine Stimmung und ließ mich halb vergessen, daß ich beinahe von herumziehenden deutschen Soldaten umgebracht worden wäre.

Manchmal konnten wir Jungen – eigentlich waren wir noch Kinder – uns von der Arbeit auf einem Bauernhof wegschleichen und Obst oder andere eßbare Dinge von den umliegenden Feldern klauen. Die Erwachsenen trauten sich nicht, einen solchen Versuch zu machen, wir aber hatten keine Angst. Aus einer gewissen Entfernung sahen wir nicht anders aus als litauische Kinder, und wenn wir Soldaten sahen, konnten wir uns unauffällig verdrücken. Wir zogen jeweils allein oder allenfalls zusammen mit einem anderen Mädchen los. Wir waren so hungrig, daß wir sogar Fallobst verschlangen. Kinder sind ihrem Wesen nach wagemutig. Wir entwickelten einen sechsten Sinn, um Patrouillen aus dem Weg zu gehen, wenn wir uns aus einer Gruppe Arbeiterinnen davonstahlen und uns wieder zurückschlichen. Es wurde zu einer Art Spiel, war aber lebensgefährlich. Wir mußten unsere Bewacher im Auge behalten, und am meisten hatten wir, wie immer, Angst, wenn es galt, in unseren geheimen Taschen die gestohlenen Sachen ins Getto zu schmuggeln.

Die Nazis richteten im Getto von Kowno ein paar kleine Fertigungsbetriebe ein, und eine Zeitlang arbeitete auch ich an einer Maschine, mit der seidene Damenstrümpfe hergestellt wurden. Diese Arbeit war nicht schwer und gefiel mir sogar recht gut. Wir mußten keine langen Wege zur Arbeitsstätte zurücklegen, arbeiteten geschützt, konnten sitzen und wurden nicht allzu streng überwacht. Diese Bedingungen ließen uns die Arbeit als etwas weniger entwürdigend empfinden.

Wir sagten uns immer: Solange wir den Deutschen nützlich sind, werden sie uns am Leben lassen. Die Nahrungsmittel im Getto waren knapp, aber wer arbeitete, bekam Suppe und ein Stück Brot. Waren wir in Wirklichkeit auch Sklaven, so hielten wir doch an unserer Würde fest, solange wir nur konnten. Wir wußten: Wenn sie uns am Morgen antreten ließen und zur Arbeit schickten, bestand Hoffnung, daß wir diesen Tag überleben würden. Und so lebten wir von einem Tag zum andern; wir wagten kaum mehr zu erhoffen, als daß wir den nächsten Tag erleben, daß wir nicht krank und daß die Menschen, die wir liebten, verschont bleiben würden.

Das Kampfgeschehen schien in weiter Ferne. Ich hatte nicht viel Ahnung, was sich abspielte. Hin und wieder hörte ich vielleicht von einem jungen Mann, der in die Wälder geflohen war, um den Versuch zu machen, sich den Partisanen anzuschließen, aber das waren mehr Gerüchte als etwas Reales und Gegenwärtiges. Ich wehrte mich dadurch, daß ich mich ans Leben klammerte und von einer rosigen, romantischen Zukunft träumte: Ich würde einen reichen Mann heiraten und mit ihm in Palästina eine große Familie haben. Wir würden im strahlenden Sonnenschein mit Butter bestrichene Brötchen essen und heiße Schokolade trinken.

All die Zeit im Getto versuchte ich, mich in meiner Phantasie an diesem Sonnenschein festzuhalten. Ich sah, wie meine Eltern sich bemühten, nicht den Mut zu verlieren, und nahm mir vor, der »Sonnenschein« meiner Angehörigen zu sein und ihnen so beizustehen. Sie sollten nicht traurig werden, weil ich traurig war.

Im Rückblick läßt nur das absolute Grauen der Todeslager das Leben im Getto als eine Existenz erscheinen, die mit einem normalen Zustand wenigstens eine entfernte Ähnlichkeit hatte. Ich war noch jung, und Kinder sind anpassungsfähig, aber ich fand mich nie damit ab, wie die Nazis uns zu leben zwangen, zusammengedrängt in einem kleinen Zimmer, das mit einem Heim keinerlei Ähnlichkeit hatte. Unsere Armut war unvorstellbar. Wir mußten uns mit ein paar zerfetzten und geflickten Kleidungsstücken, einigen abgenutzten Möbeln und Haushaltsgegenständen behelfen und hatten kaum genug zu essen, um unser Leben zu fristen. Ich war immer hungrig, verrückt vor Hunger. Manchmal bekam ich Halluzinationen davon.

Die Nazis hatten unsere Alltagsexistenz aus Hunger, Angst, Sklavenarbeit und willkürlichen Morden absichtlich so eingerichtet, um unser Menschsein zu zerstören, uns ganz auf Null zu bringen. In der Welt, in der sie uns zu leben zwangen, konnte nichts, was wir unternahmen, unserer Existenz einen Sinn geben. Unsere Arbeit hielt uns vielleicht am Leben, sie kam aber dem ärgsten Feind zugute, dem die Juden jemals gegenübergestanden hatten.

Die Gefahr lauerte unaufhörlich im Hintergrund, wenn sie nicht offen zuschlug und unser ganzes Sein und Denken in Anspruch nahm. Im Getto grassierten Krankheiten, und wurde man krank, gab es zwar Ärzte, aber beinahe keine Medikamente, und Kranke bekamen keine Lebensmittelkarten. Der Tod war für mich etwas Alltägliches geworden. Eine Leiche war kein Anblick mehr, der mich erschütterte.

Was uns, zumindest seelisch, am meisten schwächte, war die vollständige Isolation. Die Nazis verübten jede Minute des Tages und der Nacht Verbrechen an uns, unverzeihliche, noch nicht dagewesene Verbrechen, und wer setzte sich für uns ein? Es gab niemanden, an den man sich um Schutz wenden konnte, niemanden, der auch nur protestierte gegen das, was uns angetan wurde. Die Alliierten kämpften zwar gegen Hitler, aber sie unternahmen nichts, um uns zu befreien. Man hatte uns vergessen.

Von uns allen war mein Vater am besten informiert über das, was vor sich ging. Er arbeitete als Sekretär im Judenrat und wußte, welch entsetzliche Entscheidungen die jüdische Führung treffen mußte. Vielleicht sprach er mit meiner Mutter über diese Dinge, aber ich bekam nie etwas davon mit. Vater arbeitete mit stiller Gefaßtheit weiter, hielt an seinen täglichen religiösen Gewohnheiten fest, so weit es ihm möglich war, und gab uns Stärke. Seine Gebete flößten ihm Zuversicht ein. Sein Glaube war ihm ein tiefes persönliches Anliegen geworden, etwas, wonach ich ihn nicht fragen konnte.

Früher war Vater immer voller Ideen gewesen, hatte ständig nach Fluchtwegen für uns gesonnen. Er hatte uns aus Nazideutschland und aus dem von den Nazis okkupierten Memel hinausgebracht, er hatte uns davor bewahrt, von den Russen nach Sibirien geschickt zu werden. Doch er konnte nichts tun, um uns einen Weg aus dem Getto zu bahnen. Er, der immer Herr seines eigenen Schicksals gewesen war, mußte sich nun mit hilfloser, passiver Unterordnung begnügen. Und dennoch ließ er sich mir gegenüber nie etwas davon anmerken, wie elend ihm zumute war. Für mich blieb er derselbe, ein starker, liebevoller Vater – bis zuletzt.

Das Getto leerte sich allmählich. Die Nazis brachten uns nacheinander und in Massen um. Der größte und abscheulichste Massenmord, eine »Aktion«, wie sie es nannten, fand schon ziemlich früh, am 28. Oktober 1941, statt.

Naheliegenderweise ließen die Nazis nichts davon verlauten, daß sie zehntausend von uns umbringen wollten. Sie erklärten, sie wollten die Arbeitsfähigen von den nicht Arbeitsfähigen trennen, und diese würden in eine besondere Einrichtung gebracht, damit die Nahrungsmittel gerechter verteilt werden könnten.

Wir wurden am Tag der »Aktion« nicht zur Arbeit außerhalb des Gettos geschickt. Statt dessen hatten sich sämtliche Gettobewohner ausnahmslos auf einem großen, freien Platz, der Democratu Plaza, einzufinden. Um fünf Uhr morgens begannen an die 28 000 Menschen auf den Platz zu strömen. Es war noch dunkel und sehr kalt. Niemand ging das Risiko ein, sich in den Quartieren zu verstecken. Man hatte uns vorher gewarnt, daß die Nazis sämtliche Häuser durchsuchen und alle, die sie dabei entdeckten, erschossen werden würden. Der Platz wurde von deutschen Soldaten und litauischen Einheiten umstellt.

Ende Oktober ist es in Litauen bereits sehr kalt und winterlich. Die Tage sind kurz und oft feucht und unfreundlich. So war es auch am 28. Oktober bitterkalt. Wir stellten uns in Kolonnen auf, und die Nazis begannen, uns an einem deutschen Offizier vorbeizutreiben, der offenbar ganz allein über das Schicksal von beinahe 30000 Menschen entschied. Mit knappen Handbewegungen schickte er uns entweder nach rechts oder nach links. Rechts bedeutete Leben, links, wie wir wußten, bedeutete Tod. Rechts verhieß uns angeblich Arbeit, Verpflegungsrationen und eine gewisse Sicherheit, in Wahrheit aber hatte die Arbeitsfähigkeit nur wenig damit zu tun, in welche Richtung wir geschickt wurden. Für eine sorgfältige Selektion waren wir zu viele. Der Offizier schickte nach Belieben die Leute dahin oder dorthin, und wir konnten sehen, daß er absichtlich Familien auseinanderriß. Offensichtlich genoß er es, Angst- und Schmerzensschreie zu hören, wenn Eltern von ihren Kindern und Ehefrauen von ihren Männern weggerissen wurden.

Der Tag zog sich dahin, und langsam zogen die Kolonnen an dem Offizier vorüber. Kranke und alte Menschen brachen auf dem Platz zusammen, aber niemand durfte ihnen Beistand leisten. Säuglinge und kleine Kinder weinten, weil sie Hunger und Kälte nicht mehr ertragen konnten. Ich beobachtete die Menschen um mich herum, und das Herz tat mir weh, aber wir waren ohnmächtig, außerstande, für die anderen etwas zu tun und voller Bangigkeit über unser eigenes Schicksal. Während wir uns auf die Stelle, wo selektiert wurde, zubewegten, wurde meine Furcht immer stärker. Ich spürte kaum mehr die Kälte. Ich empfand keinen Hunger. Ich konzentrierte mich auf den näherkommenden Augenblick, wenn die Handbewegung eines deutschen Offiziers mein Schicksal besiegeln würde: links oder rechts, Leben oder Tod, Hoffnung oder Verzweiflung.

Wir drängten uns enger zusammen, Vater, Mutter, Manfred und ich, die Eltern meiner Mutter und ihr Bruder Jakob – Benno war ja schon ermordet worden. Hätte es sich um eine systematische Selektion gehandelt, hätten meine Großeltern keine Chance gehabt, davonzukommen, da sie zum Arbeiten wirklich zu alt waren. Aber da sie willkürlich betrieben wurde, betete ich stumm, der Offizier möge irgendwie Erbarmen mit ihnen haben.

Erbarmen war ein den Nazis schwerlich vertrauter Begriff. Aber ich sagte mir, wenn wir zuversichtlich lächelten und uns aufrechthielten, würden wir vielleicht davonkommen. Also zwang ich mich zu lächeln und raunte meinen Großeltern zu, in gerader, stolzer Haltung zu gehen – »dann werden sie euch nicht nach links schicken«.

Funktionierte es? War das der Grund, weshalb sie durchkamen? Der Grund, weshalb unsere Familie zusammenblieb? Ich würde es gerne glauben. Ich habe immer versucht, mein Schicksal in die eigenen Hände zu nehmen und dafür zu sorgen, daß die Dinge sich so fügten, wie ich es wollte, selbst als ich es mit den Nazis aufnehmen mußte. Hatten sie auch physische Macht über uns, so war ich dennoch entschlossen zu tun, was in meinen Kräften stand. Wenn eine Kleinigkeit wie ein Lächeln oder ein Funkeln im Auge mir das Leben retten und mir helfen konnte, meine Familie durchzulotsen, würde ich den Mut und die Willenskraft aufbringen, mir ein Lächeln abzuringen. Es zählte dabei nicht einmal so viel, daß ich große Angst hatte, wohin man mich schicken würde, aber ich konnte den Gedanken nicht ertragen, von meinen Angehörigen getrennt zu werden.

An diesem Nachmittag verließ meine Familie den Platz, ohne auseinandergerissen, ohne dem Tod bestimmt worden zu sein, aber zehntausend Menschen wurden nach links geschickt. Sie wurden alle außerhalb der Stadt, am Neunten Fort, erschossen. Zehntausend Menschen wurden aus dem Getto gerissen. Und das war erst der Anfang des Gemetzels.

Die schrecklichen Lebensbedingungen im Getto – Hunger, Kälte, Überanstrengung durch die Arbeit, Krankheiten und Hoffnungslosigkeit – rafften viele der Juden, die bei der großen »Aktion« am 28. Oktober nicht erschossen worden waren, dahin. Ein paar Jüngere schafften es, zu fliehen und sich den Partisanen anzuschließen, andere wurden von den Nazis in Eisenbahnwaggons und Lastwagen abtransportiert oder mußten sich zu Fuß auf den Weg machen. Wir haben nie mehr etwas von ihnen gehört.

Die Nazis begrenzten zwar das Getto-Areal immer mehr, aber für diejenigen von uns, die nach den Selektionen, »Aktionen« und Transporten zurückgeblieben waren, war das Getto weniger bedrückend überfüllt. Nun wimmelte es auf den Straßen nicht mehr von lebenden Menschen, sondern sie waren erfüllt von der Erinnerung an die, die nicht mehr da waren.

Nach einiger Zeit verließen wir das Zimmer in der Mietskaserne, unser erstes Quartier, und bezogen zusammen mit meinen Großeltern ein alleinstehendes Haus. Es war zwar nicht groß, hatte aber einen kleinen Garten. Obwohl Großmama und Großpapa nicht zur Arbeit gingen, gelang es uns, sie am Leben zu erhalten. Irgendwie schafften sie es, alle Selektionen zu überstehen. Mein Onkel Jakob, der arbeitete, brachte ihnen zu essen mit, und wir übrigen taten das gleiche.

Mein Bruder Manfred heiratete im Getto. Vielleicht gab es eine ganz bescheidene religiöse Zeremonie, ich erinnere mich nicht mehr, aber gefeiert wurde sicher nicht, im Gegensatz zur Hochzeit meiner Tante Tita damals in Memel. Das Leben als Paar bot mehr Sicherheit. Gemeinsam war man stärker. Auch gegenüber den Deutschen war es von Vorteil. In einem gewissen Maß verschonten sie Verheiratete.

Selbst in mein Leben kam ein Hauch Romantik. Ein rothaariger Junge, den ich kannte, stellte sich oft unter mein Fenster und sang mir ein Ständchen. Er sagte, er wolle mich, wenn all dies vorüber sei, heiraten, aber ich erklärte ihm, daß ich ihn keinesfalls zum Mann nehmen könnte, weil sein Haar zu rot sei. Dieser junge Mann hatte das Glück, den Krieg zu überstehen, er lebt jetzt in Amerika. Ich bin ihm noch heute für seine Lieder dankbar. Sie gaben mir ein kleines bißchen mehr Mut und Kraft, meine Verbindung zum Leben aufrechtzuerhalten. Es half mir zu wissen, daß jemandem etwas an mir lag. Irgendwie hatten junge Menschen nicht vergessen, daß sie junge Menschen waren. Selbst im trostlosen Grauen des Gettos gaben wir die Hoffnung nicht ganz auf.

Am 27. März 1944, dem Tag vor dem Geburtstag meines Vaters, gingen wir wie immer zur Arbeit. Mutter und ich schleppten uns hinaus zum Lazarett und waren den ganzen Tag damit beschäftigt, die Toiletten zu putzen. Für uns war es ein Tag ohne besondere Vorkommnisse. Doch im Getto war er, wie wir nach unserer Rückkehr erfahren mußten, keineswegs ereignislos verlaufen. Die Nazis hatten begonnen, alle Kinder, die noch da waren, zusammenzuholen: Die »Kinder-Aktion« hatte begonnen.

Als alle Arbeitsfähigen fort waren, gingen deutsche Soldaten von Haus zu Haus und erklärten den Bewohnern, daß alle Kinder zusammen mit den Müttern, die dageblieben waren, um auf sie aufzupassen, sich auf dem Platz einzufinden hätten. Niemand bezweifelte auch nur einen Augenblick, daß dies ein Todesurteil war. Nicht alle folgten der Aufforderung. Einige Mütter hatten für einen solchen Augenblick vorausgeplant und versuchten nun verzweifelt, ihre Kinder zu verbergen. Sie hatten Verstecke in den Wänden angelegt oder falsche Böden in Schränke eingezogen. Doch die Nazis durchstöberten die Wohnungen, und nicht ein einziges Kind entging dieser Suche. Als wir von der Arbeit zurückkehrten, spürten wir, daß Türen und Fenstern Schmerz und Leid anhafteten. Die Luft im Getto war mit bitterer Qual geschwängert.

Was hätten die Mütter tun können? Sie wollten ihre Kinder begleiten und versuchen, sie zu retten, und sie wollten auch selbst am Leben bleiben. Sie hatten noch andere, ihnen teure Menschen zu beschützen, schon ältere Kinder, Ehemänner und Eltern. Sie mußten mitansehen, wie ihnen die Kinder entrissen wurden. In dem Glauben, noch eine Wahl zu haben, versuchten sie, auf der Stelle einen Entschluß zu fassen, ohne jemanden um Rat zu fragen oder eine Nachricht hinterlassen zu können. War es die »richtige« Entscheidung? Sollten sie ihre Kinder begleiten oder bei ihren anderen Angehörigen bleiben?

Wie sich zeigte, spielte ihre herzzerreißende Entscheidung keine Rolle, denn mit besonders grausamer Berechnung taten die Deutschen genau das Gegenteil von dem, was die Mütter beschlossen hatten. Wenn eine Mutter ihre Kinder begleiten wollte, wohin sie auch geschickt wurden, wurde sie mit Schlägen weggetrieben, und diejenigen, die nicht mit ihren Kindern gehen wollten, wurden ergriffen und mit ihnen zusammen weggeschleppt.

Am nächsten Tag, dem 28. März 1944 – dem Geburtstag meines Vaters –, mußten wir wieder zur Arbeit gehen. Was für ein schrecklich leeres Gefühl wir hatten, als wir an diesem Morgen das Getto verließen! Wir alle hatten Kinder gekannt, die fortgeschafft und umgebracht worden waren. Sie waren unsere Brüder und Schwestern, unsere Cousins und Cousinen oder unsere Nichten und

Neffen gewesen. Selbst wenn sie noch kleine Kinder gewesen waren, die wir in einem Hof spielen sahen, waren sie doch von unserem Blut gewesen. Während wir uns dahinschleppten, hielten wir die Augen auf den Boden gerichtet, hatten Angst, zu einem Fenster hinaufzusehen und dem Blick einer der so grausam beraubten Mütter zu begegnen. Jedes Haus, in dem am Tag vorher noch Kinder gewesen waren, war nun von Schmerz gezeichnet. In jenen, wo es noch Kinder gab, herrschte Todesangst. Die Nazis hatten am Tag vorher nicht alle Kinder zusammenholen können, und niemand bezweifelte, daß sie ihr schändliches Werk fortsetzen würden.

Ich hatte gerade die Grenze überschritten, die die Kinder von den Leuten trennte, die alt genug zum Arbeiten waren, und so würde ich verschont bleiben. Diese Selektion würde an mir vorübergehen. Vom Kummer um andere Menschen überwältigt, klammerte man sich eng an die eigene Familie. Als mein Vater mich an diesem Morgen aus dem Haus gehen sah, umarmte er mich besonders innig. Wir gratulierten ihm zu seinem Geburtstag und beteten stumm, daß wir frei sein würden, wenn er den nächsten beging.

Den ganzen Tag dachte ich bei der Arbeit im Lazarett an das, was am Tag vorher geschehen war, an die Schrekkensszenen, die mir geschildert worden waren, an die weinenden Mütter, die den Soldaten zuschrien: »Nehmt mir mein Kind nicht weg!« Ich stellte mir die Gewalttätigkeit der Soldaten vor, wie sie Türen einschlugen, Mütter auf den Boden schleuderten, die ihre Kinder zu beschützen versuchten, und die Kinder brutal prügelten und herumstießen. Es war geschehen, während wir im Lazarett arbeiteten. Welchen Zorn ich empfand, wie ohnmächtig, wie verwundbar ich mich fühlte!

An diesem Tag schleppten wir uns nach der Arbeit matt zum Getto zurück. Wir wollten nicht erfahren, was geschehen war, wollten nicht wieder von Müttern und

Kindern hören, die weggeschleppt und in den Tod getrieben worden waren.

Als wir nach Hause kamen, war Vater nicht da. Mutter eilte zum Judenrat und traf dort einen jüdischen Polizisten an. Sie flehte ihn an, ihr zu sagen, was Vater zugestoßen war, und erfuhr folgendes:

Vater hatte einen geheimen Plan gehabt. In einem Speicher unter dem Dach des Hauses, in dem der Judenrat untergebracht war, hatte er eine große Gruppe schon etwas älterer Kinder, vielleicht an die hundert, versteckt. Er muß gedacht haben, die Nazis würden dieses Haus nicht durchsuchen oder der Judenrat könnte intervenieren und die Kinder retten, sollten sie doch entdeckt werden. Offensichtlich hatte Vater gehofft, jene, die nach dem Abschluß der »Kinderaktion« noch im Getto verblieben waren, könnten sich uns bei der Arbeit anschließen.

Es war keine impulsive, improvisierte Tat, sondern eine sorgfältig geplante Operation gewesen. Anders wäre es unmöglich gewesen, die Kinder mitten in der Nacht zusammenzuholen und in das Haus zu schmuggeln. Natürlich hatte Vater uns nicht in seinen Plan eingeweiht. Mutter hätte die Belastung zu wissen, daß ihr Mann sein Leben riskierte, niemals ausgehalten. Ruhig und ohne ein Wort darüber zu verlieren, hatte er getan, was er für das Richtige hielt, aber er und die Kinder wurden entdeckt.

Die Nazis schafften sie alle, die Kinder und meinen Vater, zum Neunten Fort auf einem steilen Hügel außerhalb des Gettos. Mutter bat den Polizisten inständig, er möge hinausgehen und versuchen, meinen Vater zu retten. Er machte sich sofort auf den Weg, doch bevor er dort eintraf, hatten die Nazis alle ihre Opfer mit Maschinengewehren niedergemäht. Das war die Nachricht, die uns der Polizist brachte, als er zurückkehrte.

Zweitausend Kinder waren im Verlauf der »Kinderaktion« ermordet worden. Diese Kinder waren unsere Zukunftshoffnung gewesen. Sie waren, trotz allem, beinahe drei Jahre am Leben geblieben, und nun waren sie tot. Solange sie noch gelebt hatten, konnten wir beten und hoffen, vielleicht doch durchzukommen und unser Leben neu aufzubauen. Welche Hoffnung aber blieb den Erwachsenen, nachdem die Kinder ermordet worden waren? Ihr Tod gab mir das Gefühl, hundert Jahre alt zu sein. Ich gehörte nicht mehr zur Kindergeneration. Ich war erwachsen, weil es keine Kinder mehr gab.

Vater wäre nicht zu dem Versuch verpflichtet gewesen, die Kinder zu retten. Er hätte wissen müssen, daß es aussichtslos war. Jetzt fehlte er uns schrecklich.

Bis zu Vaters Ermordung hatte meine Mutter sich heldenhaft gehalten. Nie hatte sie mich spüren lassen, wie sehr sie litt. Es hatte Tage gegeben, an denen ich nahe daran war, zu kapitulieren. Wenn wir zur Arbeit gingen, sprachen wir leise miteinander, damit unsere Bewacher uns nicht hören konnten, denn Unterhaltungen waren verboten. Selbst dafür konnte man umgebracht werden, wenn man ertappt wurde.

Trotzdem flüsterte ich: »Ich werde wegrennen und in die Wälder türmen. Es ist mir egal, ob sie mich erschießen. Ich kann nicht mein ganzes Leben so weiterschuften.«

Sie packte mich an der Hand, weil sie fürchtete, ich könnte meine Drohung wahrmachen. »Laß dich nicht totschießen für nichts und wieder nichts.«

»Es ist mir egal!« antwortete ich. Ich war ein heranwachsendes Mädchen, das eigentlich langsam zur Frau werden sollte, und welche Zukunft hatte ich vor mir? Aber meine Mutter redete mir beruhigend zu: Ich würde nicht mein Leben lang ekelerregende Arbeit in einem Lazarett verrichten müssen. Der Krieg werde einmal zu Ende gehen. Die Nazis würden ihn verlieren. Wir würden zusammen befreit werden, wenn wir zusammenblieben. Im Lazarett hielt sie sich tapfer. Mit zusammengebissenen Zähnen putzte sie den widerlichen Schleim und Eiter der verwundeten deutschen Soldaten weg und ließ sich nicht anmerken, wie sehr sie unter der Erniedrigung litt.

Doch nach der Ermordung meines Vaters war Mutter nur noch ein Schatten ihrer selbst. Alles war nun anders. Sie wollte nicht weiterleben. Nach seinem Tod alterte sie um vierzig Jahre. Ich erkannte, daß ich das Ruder übernehmen mußte. Aber woher sollte ich die Energie, den Willen, den Mut nehmen? Seltsamerweise stellte sich all das in dem Augenblick ein, da ich keine andere Wahl mehr hatte.

Wir durften unsere Arbeit nicht unterbrechen. Die Nazis gewährten ihren Opfern keine Pause zum Trauern, nahmen keine Rücksicht auf einen persönlichen Verlust. Der geliebte Mann, mit dem meine Mutter mehr als zwanzig Jahre verheiratet gewesen war, wurde erschossen, und am nächsten Tag mußte sie wieder zum Lazarett hinausmarschieren, um den Dreck der Verwundeten wegzuwischen. Und ich hatte plötzlich den Vater verloren, einen Mann, den ich uneingeschränkt bewundert, dessen Gegenwart meinem Leben eine Richtung gegeben hatte – und nun mußte ich die Stärke finden, die meiner Mutter vorerst versagt blieb, die Stärke weiterzumachen.

Vater war die dominierende Gestalt in unserer Familie gewesen, und so hatten Mutter und ich uns nach ihm gerichtet, auf ihn gezählt, ihn gebraucht. Nun, da er nicht mehr da war, mußten wir beide lernen, eigenständig zu leben.

Meine Mutter und ich waren wie zwei erschöpfte Schwimmer, die in hochgehende See geraten sind. Wann immer eine von uns in Gefahr war unterzugehen, mußte die andere die Kraft aufbringen, ihr den Kopf über Wasser zu halten. Ich war die erste, die nach oben kam und wieder Luft bekam. Es war ein wenig leichter für mich, da ich jünger und anpassungsfähiger war.

Ich erkannte sofort, daß ich das einzige war, was Mutter am Leben erhielt, und ich wußte, daß auch ich ohne sie nicht sein konnte. Wir hatten nur einander, und unmittelbar nach Vaters Ermordung war ich diejenige, die mehr Verantwortung übernehmen, mehr Ausdauer zeigen mußte.

Keine von uns beiden konnte diese Kraft noch im Glauben finden. Vater war zeit seines Lebens ein wahrhaft religiöser Mann gewesen, dessen Frömmigkeit sich nicht nur darauf beschränkte, die Riten einzuhalten. Sein Glaube hatte ihn durch die schwersten Stunden, auch unter nahezu unmöglichen Lebensbedigungen, getragen. Er hatte alles verloren, wofür er gearbeitet, was er in seinem Leben aufgebaut hatte, aber er war Widrigkeiten immer mit Mut begegnet, ohne je in seinem Glauben wankend zu werden.

Nie werde ich sein Bild vergessen, wie er allmorgendlich in unserem elenden, beengten kleinen Zimmer mit seinem weißen Gebetsschal und den Gebetsriemen inbrünstig betete. Der Glaube an Gott hatte meinen Vater im Getto aufrechterhalten, ich aber konnte nicht mehr an Ihn glauben, nachdem Er zugelassen hatte, daß mein Vater umgebracht wurde.

Vor der Ermordung meines Vaters hatte meine Mutter mir bei der Arbeit die anstrengendsten, schmutzigsten Tätigkeiten erspart. Doch unmittelbar danach war sie dafür zu mitgenommen, und ich übernahm die Arbeit für uns beide. Später erholte sie sich etwas, und wir trugen zu gleichen Teilen zu unserem Überlebenskampf bei.

Wir opferten uns füreinander auf. Viele Leute mögen von Selbstaufopferung sprechen, auf uns aber traf das Wort wirklich zu. Mutter war sich bewußt, daß ich einen Menschen hatte, für den es sich zu leben lohnte, und ich wußte, daß es für sie genauso war.

Im Getto gab es keinen Schulunterricht, aber ich erhielt trotzdem eine Art Erziehung, eine Erziehung zu Stärke und Selbstvertrauen. Vor der Gettozeit war ich immer gut gekleidet gewesen und hatte Hunger nicht gekannt. Ich hatte, von der Schule abgesehen, nie arbeiten müssen. Vielleicht das einzige, das mich für das Leben im Getto wappnete, war meine Zielstrebigkeit. Einerlei in welcher Situation, ich hatte mir immer zum Ziel gesetzt, jedes Hindernis zu überwinden. Nichts sollte mich unterkriegen. Ich war von jeher willensstark gewesen, und meine Eltern hatten das an mir geschätzt.

Man könnte sagen, daß meine Kindheit 1941 abrupt zu Ende ging. Als ich mit meiner Familie aus Herrn Jonas' Gefrierkammer auftauchte, war ich kein Kind mehr, allerdings auch noch nicht bereit für das Erwachsensein. Wenn ich zurückdenke, wie ich danach war, glaube ich nicht, daß ich älter wurde – nicht im normalen Sinn, daß sich ein Jahr ans andere reiht. Das Getto unterdrückte meine Entwicklung. Ich feierte meine Geburtstage nicht mehr, rückte nicht mehr von einer Klasse in die nächste auf – Markierungspunkte eines geordneten Entwicklungsganges zum erwachsenen Menschen.

Drei Jahre vergingen. Körperlich blieb ich klein und unterentwickelt. Ich bekam nie genug Nahrung, um richtig zu wachsen. Und jeden Tag während dieser drei Jahre war ich mit der absurden Grausamkeit des Gettos konfrontiert, mußte mein Herz mit Furcht und Kummer von ungeheuerlichen Ausmaßen leben. Aber innerlich kämpfte ich darum, derselbe Mensch zu bleiben, das kleine Mädchen, das ich im Jahr 1941 gewesen war. Ich lachte darüber, daß ich an einer Puppe hing, doch ich klammerte mich an Leslie, die ich von so weither, von Frankfurt, mitgebracht hatte. Ich versuchte, die Erinnerungen an meine Kindheit festzuhalten, an das Klavier meiner Mutter, die Kleider mit den Appliken, die sie immer getragen hatte, die Pfeife meines Vaters, den roten Davidstern an Candys Haube. Vielleicht war das meine einzige Möglichkeit zu verhindern, daß meine Seele unwiderbringlich zerstört wurde.

Es kam uns vor, als wollte die Verfolgung niemals enden. Wir wußten nicht, ob wir Juden jemals wieder als freie, normale Menschen würden leben können. Drei Jahre waren vergangen, und sie erschienen uns wie eine Ewigkeit. Ich alterte um ein halbes Jahrhundert.

In manchem waren die letzten Monate im Getto die absolut schlimmsten. Wir alle waren vom Kummer gebeugt. Die Lebensbedingungen wurden noch schlechter, die Ernährung noch kärglicher. Die Deutschen trieben uns bei der Arbeit noch mehr an. Aber wir ahnten, daß für sie der Krieg verlorenging. Dann kam der Sommer 1944. Die Alliierten landeten in der Normandie. Gerüchte gingen um, die Rote Armee nähere sich, und wir hatten etwas, worauf wir unsere Hoffnung richten konnten.

Wenn es uns gelang, wenigstens von einem Tag zum nächsten am Leben zu bleiben, würden wir vielleicht die Befreiung durch die vorrückenden russischen Truppen erleben. Wir wußten, daß die Deutschen versuchen würden, vor ihrem Abzug das Getto zu liquidieren. Für uns ging es nun darum, daß wir nicht ermordet oder abtransportiert würden, bevor die Russen eintrafen. Jakob begann, Vorbereitungen für das Ende zu treffen. Er baute einen Bunker im Keller unseres Hauses, in dem wir uns verstecken könnten.

In dem Lazarett, wo wir arbeiteten, trafen immer wieder neue Gruppen verwundeter Soldaten ein. Das war für uns in zweierlei Hinsicht ermutigend: Es tat wohl zu sehen, daß der Feind Niederlagen erlitt, und dann nahmen wir an, daß die Deutschen uns am Leben lassen würden, solange sie uns für den Betrieb des Lazaretts brauchten.

Dann, am 8. Juli 1944, begannen sie, alle im Getto noch verbliebenen Juden zusammenzutreiben und mit Eisenbahnzügen abzutransportieren. Diesmal gab es keine Selektion: Wir alle mußten fort.

Das Ende des Gettos kam über Nacht. Die Deutschen besetzten es. Eine organisierte Gegenwehr gab es nicht. Die Russen hatten begonnen, es zu beschießen.

Wir hatten nur zwei Möglichkeiten, beide gleich bedrohlich: Entweder wir fanden uns freiwillig auf dem Platz ein und wurden zu den Zügen getrieben oder wir versuchten, uns zu verstecken. Wir wußten nicht, wohin sie uns transportieren würden, waren aber sicher, daß man uns auf der Stelle erschießen würde, sollten wir in einem Versteck entdeckt werden. Der Bruder meiner Mutter, mein Onkel Jakob, und ihre Eltern beschlossen, das Risiko einzugehen, sich in dem Bunker, den er gebaut hatte, zu verstecken.

»Wir sind zu alt«, sagte mein Großvater, und ich wußte, er hatte recht. Wohin die Deutschen uns auch brachten, eine Selektion würde auf die andere folgen, und die alten Leute wären die ersten, die umgebracht würden. Ich aber war jung, und Mutter war auch noch nicht alt. Es konnte sein, daß wir die Selektionen überstanden und wieder arbeiten würden. Wir hatten die Chance, am Leben zu bleiben. Jakob hätte sie auch, wenn er mitkäme. Aber er beschloß, bei seinen Eltern zu bleiben und darauf zu hoffen, daß sie den Suchaktionen der Deutschen entgehen würden.

Über Lautsprecher wurde bekanntgegeben, daß die Juden sich auf dem Platz einzufinden hätten. Mutter und ich sagten Jakob und meinen Großeltern ein letztes Lebewohl, und dann ließen wir sie in dem Haus zurück. Vielleicht würden sie durchkommen. Hoffen konnte man immer. Wir mußten es.

Wir durften nichts mitnehmen, als wir das Getto verlassen mußten. Ich ließ Leslie, meine Puppe, dieses letzte Stück aus meiner Kindheit, unter meinem Bett zurück. Vielleicht würde ich nach dem Krieg zurückkommen und sie holen.

Wir versammelten uns auf dem Platz, und die Deutschen trieben uns hinaus zum Bahnhof. Ich kann mich nicht erinnern, ob ich richtig Angst hatte. Ein Teil von mir war vielleicht froh, das Getto zu verlassen, in der natürlich irrigen Annahme, nichts könnte schlimmer sein als dieses Gefängnisdasein. Vor allem aber war ich wohl wie betäubt von den erlittenen Verlusten: Kein Vater mehr, keine Großeltern, kein Onkel, kein Zuhause, nichts, was einem einmal gehört hatte. Ich klammerte mich an meine Mutter. Manfred und seine Frau zogen ebenfalls in der Menge mit.

Auf dem Bahnsteig waren viele Uniformierte. Sie schrien uns an und schlugen auf uns ein, sie brüllten Befehle, wollten uns einschüchtern. Es herrschte ein panikartiges Durcheinander, aber trotzdem ging alles sehr rasch. Die Sache war gut organisiert. Sie trennten die Männer von den Frauen und verfrachteten uns binnen weniger Stunden in die Züge. Manfred wurde mit den anderen Männern davongetrieben, ehe meine Mutter und ich von ihm Abschied nehmen konnten. Seine Frau Dita war voller Verzweiflung, aber wir wurden auch von ihr getrennt. Wir verstanden nicht, warum sie die Männer von den Frauen trennten; wieder einmal ein Fall grundloser Grausamkeit, vermuteten wir, sofern wir noch die Energie besaßen, irgendwelche Vermutungen anzustellen.

Die Deutschen zählten uns ab und stopften uns in verschmutzte Viehwaggons ohne Lüftung. Es war ein heißer Julitag. Es gab kein Wasser. Allein schon in den stehenden Waggons unter der sengenden Sonne warten zu müssen, war eine Qual. Am Abend koppelten sie dann schließlich eine Lokomotive an die Waggons und fuhren uns aus dem Bahnhof hinaus. Durch Schlitze in der Waggonwand sah ich Teile des brennenden Gettos. In der Gegend, wo das Haus meiner Großeltern stand, war kein Feuer zu sehen. Vielleicht würden sie durchkommen.

4. Kapitel *Im Angesicht des Feuers*

Aus dem brennenden Getto von Kowno brachte uns der Zug zum Konzentrationslager Stutthof, wo ich während der Selektion von meiner Mutter getrennt wurde. Während dieses Zwischenaufenthalts in Stutthof geschah es auch, daß ich auf die Seite derer überwechselte, die für den Tod in der Gaskammer bestimmt waren, mit meiner Mutter die Kleider tauschte und mit ihr zur Gruppe derjenigen zurückkehrte, die so gesund waren, daß man sie eher durch Arbeit zu Tode schinden konnte, als sie zu vergasen und zu verbrennen. Nach der Selektion ließen uns die Nazis am Tor des Konzentrationslagers in Kolonnen antreten, um uns in Arbeitslager auf dem flachen polnischen Land zu schicken. Dort sollten in den folgenden Monaten die meisten von uns an Unterkühlung, Erschöpfung, Hunger oder Krankheiten sterben.

Jetzt, nachdem es mir gelungen war, meine Mutter zu retten und sie bei mir zu behalten, standen wir am Tor des Konzentrationslagers schweigend nebeneinander in der Frauenkolonne. Ich erkannte niemanden um mich herum. Kein Wort wurde gesprochen. Wir standen da und warteten. Hinter uns ging die Selektion weiter. Wir hörten die schleppenden Schritte der Frauen, ihr Schluchzen, als sie von ihren Lieben getrennt wurden, die wütenden Schreie der Kapos, die die Frauen ihrer Bestimmung entgegenstießen. Tore fielen scheppernd ins Schloß. Hin und wieder knurrte ein Hund.

Stumm machte ich eine Bestandsaufnahme dessen, was mir geblieben war: ein Paar Holzpantoffeln, Kleidungsstücke von einem fremden Menschen – und vor allem das beglückende Wissen, daß meine Mutter noch am Leben war. Wir waren beide körperlich sehr geschwächt. Durch die furchtbare Prozedur, die wir gerade hatten erdulden müssen, waren unsere Kraftreserven nahezu aufgezehrt. Seit unserer Vertreibung aus dem Getto von Kowno hatten wir kaum einen Bissen gegessen. Und natürlich hatten wir in dem überfüllten Viehwaggon während der Fahrt hierher nicht schlafen können. Der Boden war mit Exkrementen bedeckt gewesen. Frauen waren zusammengebrochen und im Kot gelegen, an Erschöpfung sterbend oder an Luftmangel erstickend. Wir waren in Stutthof in einem Zustand so großer geistiger, körperlicher und seelischer Erschöpfung angekommen, daß uns praktisch keine Energie mehr blieb, um den Gewalttätigkeiten, die wir während der Vorbereitungen zur Selektion über uns ergehen lassen mußten, und der Selektion selbst standzuhalten.

Hoffnungslos, verzweifelt warteten wir in der Sonne. Sie brauchten lange, bis sie eine für ihre Zwecke ausreichende Zahl von uns beisammen hatten. Zu beiden Seiten unserer Kolonne standen schwerbewaffnete Wachen, als wären wir ausgemergelten Frauen fähig, eine Rebellion gegen unsere Bewacher zu inszenieren. Allein schon das Stehen in der Reihe überstieg die Kraft einiger der Frauen.

Die Wachen beobachteten uns gleichgültig, aber ich wußte, daß sie von einem Augenblick auf den anderen die Beherrschung verlieren und zu roher Gewalt greifen konnten. Ich hatte Angst, meine Mutter könnte einen Schwächeanfall bekommen und ohnmächtig zu Boden sinken, denn dann würde zweifellos einer der Kapos herbeistürzen und sie dort, wo sie lag, zu Tode prügeln. Früher an diesem Vormittag hatte ich mitansehen müssen, wie ein weiblicher Kapo aus reiner Bosheit eine Frau zu Tode trampelte.

Es war in der riesigen Halle geschehen, wo sie Kleidungsstücke an uns verteilten. Die Kapos, deutsche

Frauen in Uniform, gingen zwischen uns herum, um dafür zu sorgen, daß wir möglichst rasch voranmachten, und aufzupassen, daß wir nicht vielleicht irgendwelche Dinge, die wir im Futter unserer alten Kleidung verborgen hatten, herausholten und sie irgendwoanders versteckten. Eine der Gefangenen, eine Frau von etwa dreißig Jahren, fragte die Aufseherin etwas. Ich hörte nicht, was sie sagte, doch ich glaube nicht, daß es etwas Sarkastisches oder Provozierendes war – obwohl ich es vielleicht gewünscht hätte, als ich dann sah, was mit ihr geschah. Ohne Warnung holte die Aufseherin mit einer Hand aus, legte die ganze Kraft ihres stämmigen Körpers in den Schlag, traf die Gefangene brutal am Hals und schlug sie zu Boden. Dann, während sie sich krümmte und stöhnte und sich mit ihren matten Armen zu schützen versuchte, sprang die Aufseherin immer wieder auf ihren geschundenen Körper. Zuerst schrie und heulte die Frau vor Schmerz auf, doch schon bald verstummte sie und wurde bewußtlos. Als das Opfer tot war, rollte die Aufseherin mit einem Fuß die Leiche auf die andere Seite. Sie schaute mit einem befriedigten Lächeln um sich und wischte sich an den Kleidern der Toten sorgfältig den Staub von den Stiefeln. Sie befahl zwei andere Häftlinge zu sich. Angsterfüllt näherten sie sich ihr. »Schafft diesen Dreck weg!« befahl sie ihnen. Sie wagten nicht zu fragen, wohin sie die Leiche bringen sollten. Sie hoben sie einfach an Füßen und Schultern hoch und schleppten sie ins Freie, irgendwohin. Kurze Zeit später trampelten Hunderte von Füßen über die blutige Stelle auf der Erde, wo die Gefangene ermordet worden war, und von dem Verbrechen blieb keine Spur, außer der schrecklichen Furcht in den Herzen jener von uns, die die Untat mitangesehen hatten.

»Mutter«, flüsterte ich. »Wir müssen jetzt stark sein. Wir müssen durchhalten.« Sie sah mich matt an. »Mutter«, sagte ich wieder. »Wir beide, wir werden es überstehen.«

Schließlich, nach weiß Gott wie langer Zeit, trieben sie uns zum Lagertor hinaus, zu einem Nebengleis und stießen uns in die gleichen verschmutzten Viehwaggons, die uns schon nach Stutthof befördert hatten. Natürlich waren sie nicht gesäubert worden, nur die Leichen hatte man hinausgeschafft.

Nachdem sie die Türen geschlossen und verriegelt hatten, stellten ein paar der Gefangenen Mutmaßungen an, wohin die Deutschen uns bringen würden. Als sich der Zug in Bewegung setzte, versuchten sie herauszubekommen, in welche Richtung wir fuhren, als ob wir durch dieses Wissen in irgendeiner Weise unser Schicksal hätten beeinflussen können, als ob es ein Schlüssel zum Überleben wäre. Wir wußten nicht, ob die Fahrt einen Tag oder eine Woche oder auch nur ein paar Stunden dauern würde. Die grauenvolle Ungewißheit machte einem beinahe noch mehr angst als das Gespenst des Todes selbst, das uns gerade im Konzentrationslager begegnet war.

Am Abend, nachdem wir ein paar Stunden in Richtung Süden gefahren waren, holten sie uns in der Nähe der polnischen Stadt Torun (Thorn) aus dem Zug. Sie teilten die Frauen auf und schickten sie in verschiedene kleine Arbeitslager. Die Lager waren in keiner Weise dafür eingerichtet, Insassen aufzunehmen. Wir mußten bei jedem Wetter im Freien auf der Erde schlafen, je zwei Frauen unter einer einzigen, dünnen Decke. Wir mußten uns mit Wasser aus Eimern und Fässern waschen und in Gräben unsere Notdurft verrichten. Wir trugen tagein, tagaus die gleichen Sachen, bis sie von Schweiß und Dreck so sehr verkrustet waren, daß sie davon mehr zusammengehalten wurden als von den dünnen Fäden, aus denen sie gewoben waren. Die einzige Nahrung, die wir bekamen, bestand aus einer Brühe aus schmutzigen Kartoffelschalen. Ich spüre noch heute die Sandkörner zwischen den Zähnen, wenn ich an diese Suppe zurückdenke.

Meine Mutter und ich wurden hinausgeschickt, um

Panzerstellungen zur Verteidigung der Stadt gegen die anrückende russische Armee zu graben. Die Arbeit war schwerer als jede andere zuvor. Dennoch bemühte ich mich, wie schon in der Gettozeit, mit einem Lächeln auf dem Gesicht zur Arbeit zu marschieren. Trotz der schlimmen Entbehrungen gab ich mir alle Mühe, irgendeinen Weg zu finden, mich am Leben zu freuen: ein bißchen Wärme von der Sonne, ein Grashalm, an dem ich sog, ein Traum. Wir hatten keine Hoffnung, aber ich zwang mich zu hoffen und redete den anderen Gefangenen zu, auch ein fröhliches Gesicht zu machen.

Die Deutschen machten uns die Arbeit so schwierig und anstrengend, wie sie nur konnten. Mit Hilfe von Pikkeln und Schaufeln mußten wir tiefe Gruben in die Erde graben und sie an den Rändern glattklopfen. Meine Mutter war zum Schaufeln zu schwach, aber ich arbeitete tüchtig. Die Panzerstellungen waren drei oder vier Meter tief. Um meine Mutter zu schonen, übernahm ich die schwerste Arbeit. Ich mußte auf dem Boden der Grube stehen und mit der Schaufel Erdreich nach oben, hoch über meinen Kopf werfen. Ich arbeitete im Schatten dieser hohen Erdwände, während unser Bewacher, mit seinem Maschinengewehr bewaffnet, oben stand und feixend zusah, wie sehr mich die Arbeit anstrengte. Der Kapo genoß es offensichtlich, mich leiden zu sehen. Mir kam es vor, als stände er auf einem Berggipfel und blickte zu mir herab, während ich eine Schaufel voll Erdreich nach der anderen über den Rand warf. Ich hatte kaum die Kraft, die Arme, geschweige denn die schwere Schaufel zu heben. Aber weil ich mich so sehr abmühte, gaben die Bewacher meiner Mutter eine viel weniger anstrengende Arbeit: Sie mußte das Erdreich, das ich aus der Grube warf, festklopfen und glätten. Weil ich gut arbeitete, verdiente ich mir auch jeden Tag eine Extraschüssel Suppe, die ich mit meiner Mutter teilte. Ich plagte mich nicht für die Deutschen, ich plagte mich für Mutter.

Seit wir in Herrn Jonas' Kühlkammer gewesen waren, waren die Tage nicht mehr so lang gewesen. Sie weckten uns bei Tagesanbruch mit Schreien und Schlägen, und dann mußten wir uns zum Abzählen in eine Reihe stellen. Wir waren nicht viele Frauen, ungefähr hundert. Aber die Zählung am Morgen konnte trotzdem lange dauern, wenn es den Bewachern Spaß machte, ihr Spiel mit uns zu treiben. Dann ging es hinaus auf die Felder, wo wir die Stellungen für die Panzer in den Boden gruben. Wir mußten hin und zurück jeweils mehrere Kilometer gehen. Hier gab es niemanden, der freundlich zu mir sprach, so wie mich seinerzeit Axel Benz begleitet hatte, wenn wir vom Getto zur Arbeit marschierten. Ein Tag verging wie der andere. Je tiefer wir gruben, um so höher mußten wir die Erde werfen. Arme und Rücken taten mir den ganzen Tag weh, und auch nachts ließ mir der Schmerz keine Ruhe. Mit leerem Magen legten wir uns auf trockenem Unkraut, auf der nackten Erde als Unterlage aufgeschichtet, zum Schlafen nieder, ein Schlaf, der uns unsere Kraft nicht wiederzugeben vermochte.

Das Vergehen der Stunden wurde markiert von unseren Pickelschlägen, dem Schwingen der Schaufeln, dem Erdreich, das wir bewegten. Die Nazis trieben uns zu rascher Arbeit an, und da sie uns sonst geprügelt hätten, mußten wir Tricks anwenden, um unsere Kräfte zu sparen. Wir mußten lernen, zwischen den Pickelschlägen ein bißchen auszuruhen, ohne daß es auffiel. Während wir gruben, beteten wir darum, daß diese Verteidigungsanlagen nichts gegen die Rote Armee ausrichten würden, wenn sie eintraf, um Torun zu befreien. Wenn die Rote Armee doch wie ein Feuersturm erschiene und jeden deutschen Panzer auf ihrem Weg vernichtete!

Mit dieser Schinderei vergingen die Tage langsam. Da wir nie genug zu essen bekamen, wurden wir noch magerer und schwächer, und die Arbeit fiel uns immer schwerer. Jeder Tag erschien einem endlos, und doch ging die

Zeit zu rasch vorüber, denn der kalte Herbst und der grimmige polnische Winter nahten heran.

Zwischen den Gefangenen entwickelten sich nicht viele Freundschaften. Es gab wenige erkennbare Zeichen von Solidarität. Niemand hatte die Kraft dafür. Wir waren wie ermattete Tiere und dachten nur daran, wie man ein bißchen mehr Nahrung bekommen, ein bißchen mehr ausruhen könnte, wie man Prügeln entging. Das Lager befand sich auf einem Hügel und hatte keinen Zaun, aber es gab nichts, wohin man hätte fliehen können. Die Kapos hatten ein Zelt, und jeden Abend saßen sie um ein großes Lagerfeuer. Sie wollten, daß wir sahen und rochen, wie sie schmausten, während wir uns hungrig niederlegten.

Die Kapos wurden nach den Kriterien Grausamkeit und Brutalität ausgesucht. Das war anscheinend ihre wichtigste Qualifikation. Der Kerl, der für die Bewachung verantwortlich war, war von besonderer Brutalität. Man lernte sehr rasch, ihm aus dem Weg zu gehen. Allen Kapos machte es Freude, uns leiden zu sehen. Sie ließen die Gefangenen bis zur Erschöpfung arbeiten und quälten sie, bis sie zusammenbrachen und starben.

Ich war immer hungrig. Jede Nacht träumte ich davon, ich hätte soviel zu essen, wie ich nur wollte, Tasse um Tasse mit dickem, heißem Kakao und knusprige Brötchen, dick mit Butter bestrichen, zum Greifen nahe. Diese Träume hätten in keinem größeren Gegensatz zu den winzigen Mengen erbärmlicher »Verpflegung« stehen können, die wir bekamen.

Zum Glück war ich ein niedliches kleines Mädchen. Hin und wieder brachte ich durch ein reizendes Lächeln einen Soldaten dazu, daß er mir aus Mitleid eine Brotrinde zuwarf. Ein halbes belegtes Brot war eine ungeheure Kostbarkeit. Ich teilte diese seltenen Happen immer mit meiner Mutter. Wie schon im Getto gingen auch hier manche der Frauen mit den Kapos für ein paar zusätzliche Bissen und andere Vergünstigungen ins Bett. Meine Mutter hieß das zwar offensichtlich nicht gut, gab mir aber zu verstehen, daß ich es tun könnte, wenn ich damit mein Leben retten könnte. Doch die Vorstellung erschien mir furchtbar, und ich nahm mir vor, daß ich es nur dann tun würde, wenn mir absolut keine andere Hoffnung mehr blieb.

Trotz der gnadenlosen Brutalität des Lebens im Arbeitslager, der Furcht und Entwürdigung, der körperlichen Strapazen und des Hungers wollte ich unbedingt weiterleben. Ich besaß Ausdauer, und ich half mir, indem ich mir all das Schwere mit Träumen und Gebeten erträglicher machte. Ich gab mir alle Mühe, die Lebensgeister meiner Mutter wachzuhalten, und zu keiner Zeit ließ ich die Hoffnung in mir sterben.

Manchmal drangen Neuigkeiten zu uns, daß die Russen die Deutschen zurückdrängten. Warum aber geschah das so langsam? Wir hofften, daß vielleicht doch noch die Rettung kommen werde. Es war eine segensreiche Fähigkeit, wenn man sich die Hoffnung bewahren konnte. Es konnte einen am Leben erhalten. Auch der Zorn gab uns Kraft. Wir waren voll Zorn auf die Welt. Wo waren denn alle? Wie lange würde es noch dauern, bis die Alliierten die Nazis besiegten? Wir waren überzeugt, daß die Nazis eines Tages den Krieg verlieren würden, und wir klammerten uns ans Leben, um diesen künftigen Tag zu erleben.

Die Monate gingen vorüber, und es wurde kälter. Wir sahen keine Anzeichen dafür, daß die Russen näherkamen, und der Winter stand vor der Tür. Bereits im Frühherbst drang der feuchte Wind durch unsere dünnen Sachen. Wir hätten ebensogut nackt sein können. Es gab keinen Unterschlupf, nirgends konnte man sich waschen. Der erbarmungslose Wind ließ die Haut rot werden und aufspringen. Sie wurde rissig und in die Risse geriet Dreck. Es tat weh, die Finger abzubiegen.

Wir Gefangenen hatten beinahe nichts, worüber wir miteinander sprechen konnten. Ohne meine Mutter wäre ich ganz allein gewesen. Die Einsamkeit hätte mich ebenso geschwächt wie die Arbeit und der bittere Hunger. Daß ich jemanden hatte, um den ich mich kümmerte und umgekehrt, gab uns beiden die Kraft, nicht aufzugeben.

Wir waren im Nirgends, aufgegeben, gruben auf einer gewaltigen Ebene Löcher, der Welt abhanden gekommen. Wir waren zu Gerippen abgemagert. Wir konnten uns nur noch taumelnd vorwärtsbewegen. Ich erinnere mich, daß ich mich beim Anblick der anderen Arbeitssklavinnen fragte, wie sie es noch fertigbrachten aufzustehen und wann sie wohl sterben würden. Ich muß genauso ausgesehen haben wie sie, aber ich besaß keinen Spiegel, um mich anzusehen. Vor allem aber war ich um meine Mutter besorgt und betete darum, daß sie gesund und halbwegs kräftig bleiben möge. Ich mußte ihre Lebensgeister erhalten, indem ich über die Zukunft sprach und davon, wie glücklich wir leben würden, wenn der Krieg erst zu Ende war. Ich war robuster als sie und versuchte, ihr so viele Strapazen zu ersparen, wie ich nur konnte.

Die Nazis gaben uns nicht einmal ein Viertel der Nahrung, die wir brauchten, um bei Kräften zu bleiben, aber sie verlangten uns einen vollen Arbeitseinsatz ohne Schonung ab. Wir wurden schwächer und schwächer. Wenn eine Frau zu schwach oder krank wurde, ohne daß Aussicht auf Genesung bestand, schickten sie sie mit dem Zug nach Stutthof zurück, damit sie dort vergast und verbrannt wurde. Todesfälle waren an der Tagesordnung.

Mit der Kälte wurde alles noch schlimmer. Die Griffe unserer Werkzeuge wurden eiskalt und rauh. Schaufeln und Pickel kamen einem jeden Tag schwerer vor. Wir hatten nicht mehr die Kraft, sie richtig in die Hand zu nehmen und damit zu arbeiten. Das einzig Gute war, daß man einen gewissen Schutz vor dem Wind hatte, wenn man unten auf dem Grund einer Panzerstellung stand.

Sobald es regnete, verwandelte sich das Erdreich in dickflüssigen Schlamm, so schwer, daß man ihn kaum heben und aus den tiefen Gruben nach oben befördern konnte. Den ganzen Tag arbeiteten wir im kalten Regen, nichts am Leib außer unserer dünnen Gefängniskleidung, und standen bis zu den Knöcheln oder den Waden im Schlamm. Der Morast setzte sich an unseren Pantoffeln fest und zog sie einem immer wieder von den Füßen. Hörte der Regen auf, und war der Wind nicht zu eisig, waren wir dankbar für das bißchen Sonnenwärme, doch wenn das Erdreich trocknete, wurde es kalt und hart, wie Beton, was die Arbeit doppelt schwer machte.

An einem Tag, an dem die Sonne schien, schlug ich mit aller Kraft auf einen verkrusteten Erdbrocken, um ihn zu spalten, doch da ich so erschöpft war, hieb ich daneben. Der Pickel traf mein Bein und grub sich hinein. Vor Schmerz kippte ich um. Meine Mutter hatte gesehen, was mir passiert war, und wollte in die Grube hinunterlaufen, um mir zu helfen.

»Wo willst du hin, du Schwein?« brüllte der Kapo und richtete seine Waffe auf meine Mutter.

»Zu meiner Tochter, meine Tochter hat sich verletzt!« antwortete sie. Sie rannte unbeirrt weiter, ließ sich am Rand der Grube hinab, und lief auf mich zu.

Sie konnte nur einen kurzen Blick auf mein Bein werfen. Der Kapo schrie zu ihr hin: »Komm rauf und arbeite weiter, du Drecksweib!« Dann deutete er auf mich. »Du«, sagte er, »steh wieder auf! Keine Faulenzerei!«

Meine Mutter half mir auf die Füße, aber ich konnte kaum stehen. Ich hatte nicht den Eindruck, daß ein Knochen gebrochen war, aber das Bein blutete. Es begann beinahe sofort anzuschwellen. Meine Mutter ging langsam zu ihrer Arbeit zurück. Ihr Gesicht war trauriger, als ich es jemals gesehen hatte.

»Los, fang wieder zu arbeiten an!« brüllte mich der Kapo an.

»Bitte, lassen Sie mich nur eine Minute ausruhen. Mein Bein hat es schlimm erwischt«, flehte ich ihn an. Wäre ich nicht als eine fleißige Arbeiterin bekannt gewesen, hätte mich der Kapo auf der Stelle erschossen. Trotzdem ließ er mir kaum Zeit, mich etwas auszuruhen. Ich konnte die Wunde weder säubern noch verbinden. Sie zwangen mich, noch den ganzen Tag hindurch zu arbeiten.

In der folgenden Nacht konnte ich vor Schmerzen kaum schlafen. Aber viel schlimmer als der Schmerz war die quälende Angst. Eine ernste Verletzung war ein Todesurteil. So weit *durfte* es nicht kommen!

Als wir am Morgen erwachten, fragte meine Mutter besorgt: »Wie steht's damit?« Wir untersuchten mein Bein. Es sah schrecklich aus. Der Anblick war beinahe zuviel für mich. Die Wade war geschwollen, die Haut verfärbt. Ich hatte furchtbare Schmerzen, aber natürlich zwang ich mich aufzustehen.

Ich humpelte zum Morgenappell, und dann, nachdem sie uns wie üblich unter Beschimpfungen gezählt hatten, hinkte ich zu unserem sogenannten Frühstück: eine Tasse lauwarme, wässrige Brühe, von der behauptet wurde, es sei Ersatzkaffee, und eine kleine Scheibe hartes, trockenes, schlecht gebackenes Brot. Dann stellten wir uns in einer Reihe auf, um zur Arbeit zu marschieren. Mir wurde klar, daß ich außerstande war, die drei oder vier Kilometer quer über schlammige Felder voller Furchen zu bewältigen. Ich sank auf den Boden und weinte. Mit mir war es zu Ende.

Sie gönnten mir an diesem Tag zwar Ruhe, aber selbstverständlich kürzten sie meine Verpflegung auf einen Napf Suppe, da ich ja nun nicht mehr nützlich war. Aber ein einziger Tag war natürlich nicht genug. Als meine Mutter an diesem Abend von der Arbeit zurückkam, brauchte sie nicht zu fragen, wie ich mich fühlte. Ich stöhnte vor Schmerzen.

Die Zeit zog sich dahin. War es ein Tag, waren es zwei oder eine Woche? Ich war zu krank, um den Fortgang der Zeit zu registrieren. Es ist erstaunlich, daß sie mich nicht schon dort aus dem Weg räumten. Vielleicht taten sie es nicht, weil ich vorher so fleißig gearbeitet hatte, vielleicht, weil ich noch so jung war und mich immer anstrengte, fröhlich zu sein, ja, mich sogar zwang, die Unmenschen anzulächeln, die uns bewachten. Ich weiß nicht warum, aber sie ließen mich in dem Schuppen liegen, in dem wir jetzt waren. Ein- oder zweimal gab mir sogar ein Kapo, der nicht so bösartig war wie die anderen, eine Kante Brot mit einem winzigen Stück Käse oder Wurst. Keine Kostbarkeit, kein Gunsterweis konnte es damals auch nur entfernt mit einem halb gegessenen belegten Brot aufnehmen.

Die anderen Gefangenen machten sich Sorgen um mich. Alle hatten irgendeinen Vorschlag, aber nichts wirkte. Die Wunde entzündete sich, und die Wade, die sich mit Eiter füllte, verfärbte sich und schwoll geradezu grotesk an. Das Bein war, wie mein ganzer Körper, auf Haut und Knochen abgemagert, so daß ich nun aussah wie ein Skelett, dem man ein schweres, wassergefülltes Säckchen unter dem Knie festgebunden hatte. Ich bekam hohes Fieber, phantasierte und war zu verwirrt, um noch Angst zu empfinden. Voll Bangigkeit ging meine Mutter jeden Morgen zur Arbeit. Sie wußte nicht, ob sie mich hier noch vorfinden würde, wenn sie zurückkam. Sie lag neben mir, bitterlich weinend, und ich mußte sie beruhigen.

Eines Tages erschien in unserem Schuppen ein Naziarzt und untersuchte mein Bein. Die Kapos hatten ihn sicher nicht eigens geholt, damit er mich behandle. Er muß auf eine Art Kontrollgang gewesen sein oder vielleicht auch einen der Kapos behandelt haben, und so führten sie ihn zu mir, damit er sich meinen Fall ansehe.

Der Arzt machte einen ganz ähnlichen Eindruck wie alle anderen Nazioffiziere: gepflegt, steif, stolz und höchst unangenehm. Mit einer abrupten Bewegung schob er die schmutzige Decke weg, wobei er sich seines Offiziersstöckchens bediente, um sich nicht die Hände schmutzig zu machen. Er betrachtete aus einer gewissen Entfernung mein Bein, ohne es anzufassen. Angewidert verzerrte er die Lippen, weil der Eiter so scheußlich stank, aber sonst blieb sein Gesicht ausdruckslos. Dann, ohne jede Vorankündigung, zog er ein Taschenmesser heraus, ließ es aufschnappen und öffnete das Geschwür. Er schnitt mitten ins lebende Fleisch. Der Schmerz strömte durch meinen ganzen Körper und machte mich einen Augenblick lang blind. Aus der Wunde strömten Eiter und Blut auf das Stroh neben mir. Es stank derart, daß der Arzt einen Schritt zurück tun und den Kopf wegdrehen mußte.

Es dauerte lange, bis die Schmerzen nachließen, aber ich schrie nicht. Hätte ich geschrien, hätte der Naziarzt vielleicht aus Ärger die Pistole gezogen und mich in den Kopf geschossen. So etwas hatte ich oft genug mitangesehen, schon im Getto. Wortlos und sehr sorgfältig wischte er den Eiter und das Blut von der Klinge seines Taschenmessers, klappte es zusammen und steckte es wieder ein.

»Ich darf nicht vergessen, es zu desinfizieren«, murmelte er vor sich hin.

Dann machte er kehrt und ließ mich auf meiner verschmutzten Pritsche in dem Schuppen zurück, noch immer vom Fieber geschüttelt.

Sobald ich dazu imstande war, humpelte ich ins Freie, um etwas Wasser zu holen und mein Bein abzuwaschen. Es war natürlich sehr empfindlich, aber trotz des Schmerzes drückte ich auf die Wade, um allen Eiter herauszupressen. Dann ging ich zurück, legte mich auf den Boden und lagerte den Fuß hoch, damit die übrige Flüssigkeit aus der Wunde herausfließen konnte. Als meine

Mutter am Abend mit den anderen Arbeitssklavinnen zurückkam, hatte ich ein bißchen Hoffnung. Ich sagte ihr, ein Arzt habe sich um die Wunde gekümmert, und jetzt würde sie vielleicht allmählich heilen.

Die anderen Frauen halfen meiner Mutter, frisches Unkraut zu sammeln, um es anstatt des mit Blut und Eiter vollgesogenen Strohs, auf dem ich geschlafen hatte, unter mich zu legen. Zum erstenmal, seit ich mich verletzt hatte – wer weiß, vor wie vielen Tagen – schlief ich in dieser Nacht friedlich. Wenn nicht am nächsten, so doch am übernächsten Tag konnte ich sicher wieder arbeiten gehen, und solange ich arbeiten konnte, würde ich am Leben bleiben.

Der Morgen kam. Ich fühlte mich kräftiger. Das Bein konnte zwar noch immer mein geringes Gewicht nicht tragen, aber ich war überzeugt, daß es jetzt aufwärts gehen würde. Nach unserem kärglichen Frühstück versuchte ich meiner Mutter beruhigend zuzureden, als sie zur Arbeit aufbrach. Dann humpelte ich zurück, legte mich wieder hin und betete, daß kein Kapo in den Schuppen kam und sich einfallen ließ, mich zum Spaß zu quälen, daß meine Mutter durchhielt und meine Wunde heilte. Ich sagte sämtliche Gebete auf, an die ich mich aus meiner frühen Kindheit erinnerte, als ich mit meinem Vater in die Synagoge gegangen war, und ich dachte darüber nach, was für ein wunderbarer Mann er gewesen war. Dann döste ich ein und träumte von ihm. Er war im Himmel, und eine Stimme sagte, sein vorbildliches Leben werde meine Mutter und mich retten. Ich hatte noch andere schöne Träume. Ich lebte mit meinen Eltern in einem Paradies, genannt das Land Israel, einem Land, wo Milch und Honig flossen. Ich war mit einem gutaussehenden Orangenpflanzer verheiratet und hatte mit ihm eine große Schar gesunder Kinder. Ich führte sie in der Sonnenhitze an den Strand, und die Wellen schlugen ans Ufer.

Ich glaube an meine Gebete, doch am Abend dieses Tages mußte ich feststellen, daß sie nicht erhört worden waren. Das Bein war noch immer infiziert. Ja, die Entzündung hatte sich auf den oberen Teil des Beins ausgedehnt, und es hatte wieder anzuschwellen begonnen. Meine Mutter, inzwischen verzweifelt, fragte ihre Freundinnen um Rat. Sie selbst hatte von ihrem Bruder Jakob einiges über Medizin und Erste Hilfe gelernt. Doch hier im Arbeitslager wußte niemand mehr als sie selbst, und so beschloß sie, es mit ihrer eigenen Behandlung zu versuchen.

In einer Blechdose oder etwas Ähnlichem erhitzte sie über einem Feuer etwas Sand und umhüllte ihn dann mit einem Lumpen. Sie legte die heiße Packung auf die infizierte Stelle, in der Hoffnung, sie würde die Wunde desinfizieren und den Eiter herausziehen. Die Wunde öffnete sich zwar, und es floß auch etwas Eiter heraus, aber die Behandlung war ebenso schmerzhaft wie die Wunde selbst, und die Entzündung klang in keiner Weise ab.

Am nächsten Tag hatte ich zwar hohes Fieber, war aber doch so weit bei Bewußtsein, daß ich furchtbare Angst bekam und in Tränen ausbrach. Ich war überzeugt, mein Bein würde sich nie mehr bessern. Entweder würde sich die Infektion ausbreiten, so daß ich eine Blutvergiftung bekam und starb, oder die Kapos würden mich hinauszerren und in einen Graben werfen, ehe ich an der Infektion starb. Ich war nichts als ein nutzloser Parasit.

Ich dachte nicht an die dritte Möglichkeit, die dann tatsächlich eintrat. Eines Morgens kamen drei Kapos, darunter der Lagerkommandant, in den Schuppen geschlendert, musterten mich und trafen dann ihre Entscheidung. »Sie ist ein hoffnungsloser Fall«, sagten sie und zu mir: »Morgen schicken wir dich ins Krankenhaus.«

Ich nahm ihnen nicht ab, was sie sagten. Als wir im Arbeitslager landeten, wußten alle Erwachsenen über die

Gaskammern und die Verbrennungsöfen Bescheid. Ich hörte, wie sie von »Krematorium« sprachen. Meine Mutter versuchte damals, mir die grauenvolle Wahrheit zu verbergen. Ich wußte, es bedeutete etwas Entsetzliches, wußte aber nicht genau was, und wollte es auch nicht unbedingt erfahren. Trotzdem lag es auf der Hand, daß die Nazis mich in den Tod schicken wollten. Ich hatte schreckliche Angst und war voller Verzweiflung, meine Mutter für immer zu verlieren. Ich hatte alle Hoffnung aufgegeben.

Ich wollte meiner Mutter nichts davon sagen. Ich nahm an, sie würden mich wegbringen, während sie und die anderen Frauen fort, beim Arbeiten, waren. Sie würde abends zurückkommen, mich nicht antreffen, und sie würde nicht wissen, was mit mir passiert war. Aber ich war zu schwach, den Gedanken ertragen zu können, ohne auch nur ein Lebewohl von meiner Mutter für immer getrennt zu werden. Als sie sich an diesem Abend neben mich auf das faulige, stinkende Unkraut legte, sagte ich: »Mutter, morgen werden sie mich nach Stutthof zurückschicken.« Sie war vom Kummer zu überwältigt, um mir mit Worten zu antworten. Schluchzend lag sie neben mir. »Mach dir keine Gedanken«, sagte ich zu ihr. »Sie haben gesagt, ich komme ins Krankenhaus. Ich werde mich erholen, und dann schicken sie mich wieder zu dir hierher.«

Wir wußten beide, daß ich log. Sie hielt mich die ganze Nacht hindurch in den Armen, und als der Morgen kam, hatte sie ihren Entschluß gefaßt. Das war der Augenblick, in dem meine Mutter sich für mich opferte. Als die Kapos die Frauen für den Marsch zur Arbeit Aufstellung nehmen ließen, rief meine Mutter unter Tränen: »Schickt mich mit meiner Tochter nach Stutthof. Ich bin auch krank. Was bin ich denn ohne sie nütze?«

Den Kapos lag nichts an ihr. Sie war keine gute Arbeitskraft. Eine »alte« Frau mehr oder weniger zählte nicht. Ein Kapo wurde damit beauftragt, uns wegzubringen.

»Zum Zug, marsch, ihr Schweine!« schrie er, als könnte sein Gebrüll bewirken, daß es geschah. Das Bahngleis war weit entfernt, mehrere Kilometer, und ich konnte keinen Schritt gehen. Ich machte einen Versuch und fiel zu Boden. Der Kapo versetzte mir einen wütenden Fußtritt. »Los, aufgestanden, du dreckiges Miststück!« Meine Mutter half mir aufzustehen. »Trag sie!« brüllte er sie an. Ich legte den Arm um ihre Schultern und sie versuchte, mich beim Gehen zu stützen. Aber sie war zu schwach dafür. Wir kamen kaum voran.

Als er einsah, daß meine Mutter zu geschwächt war, um mich zu der Bahnstrecke zu tragen, befahl er uns stehenzubleiben. Offensichtlich wußte er nicht, was er mit uns anfangen sollte. Er hatte Befehl, uns zum Zug zu bringen, aber wie, das hatte ihm niemand gesagt. Was würde jetzt passieren?

Wir standen etwa zwanzig oder dreißig Schritte weg vom Lager, auf einem weiten Feld, ein bizarr anzusehendes Trio: zwei schmutzige Gestalten in zerlumpten, verdreckten Kleidern – eine ausgemergelte Frau Anfang Vierzig, die aussah, als wäre sie Sechzig, und ein ebenso spindeldürres Mädchen im frühen jugendlichen Alter, so dünn und klein, daß sie Zehn hätte sein können, mit einem Bein, das nutzlos in der Luft hing – und der Kapo, ein wohlgenährter, junger deutscher Ganove in einer sauberen, wärmenden Uniform, mit einer Peitsche und einem Gewehr, der uns mit grausamer Gleichgültigkeit ansah. Die Welt war bis auf das Arbeitslager leer, und nur in der Ferne, jenseits einer weiten, furchendurchzogenen Fläche, von den Winterwinden reingefegt, zogen sich die Bahngeleise dahin. Es war ein grauer, kühler Tag ohne einen Sonnenstrahl, aber nicht so kalt, daß nicht Fliegen meine eiternde Wunde umschwärmt hätten. Irgendwann im Laufe des Vormittags würde ein Versorgungszug vorbeikommen und uns mitnehmen, wenn es uns gelang, die Geleise zu erreichen. Andernfalls würden wir irgendwo zwischen der Stelle, wo wir jetzt standen, und diesen Geleisen sterben.

Der Kapo wurde immer wütender. Ich war überzeugt, im nächsten Augenblick würde er uns erschießen oder zu Tode prügeln. Seine Arme zuckten vor ärgerlicher Unschlüssigkeit. Im Geist sah ich schon unsere Leichen, zum Verrotten in einen Graben geworfen oder einfach auf dem Feld für streunende Hunde liegengelassen. Mein Bein schmerzte heftig, und ich fieberte. Vielleicht wäre es nicht so schlimm, tot zu sein, wenn es das Ende der Schmerzen bedeutete.

Dann wurden wir von einer jungen Frau aus unserem Lager gerettet, die uns hilflos auf dem Feld stehen sah, ich unfähig zu gehen und meine Mutter zu matt, um mir helfen zu können. Diese junge Frau erbot sich, mich zusammen mit meiner Mutter zum Zug zu schleppen. Das war eine der edelmütigsten Gesten, die ein Mensch hier nur machen konnte. Die Frau konnte nicht sicher sein, ob sie stark genug sein würde, mich diese weite Entfernung zu schleppen. Wenn sie versagte, würde sie mit uns erschossen werden. Und natürlich hatte sie keine Garantie, daß sie nicht zusammen mit meiner Mutter und mir in den Zug nach Stutthof geworfen würde, wenn wir schließlich die Bahnstrecke erreicht hätten. All das war ihr bewußt, aber sie sah, daß wir ihre Hilfe brauchten, und nahm das Risiko auf sich. Ich verdanke ihr mein Leben und kann mich nicht einmal an ihren Namen erinnern.

Ich behielt den einen Arm auf der Schulter meiner Mutter und legte den anderen um die Schulter der Frau, und dann machten wir uns auf in Richtung der Geleise, während der Kapo gemütlich hinter uns herging und uns Tritte oder Peitschenschläge versetzte, wenn er fand, wir bewegten uns zu langsam. Wir drei bestanden nur noch aus Haut und Knochen, und die Frau und meine Mutter besaßen kaum die Kraft, mich zu stützen, so leicht ich auch war. Dennoch schleppten sie mich zwei Kilometer oder noch weiter. Der Boden war uneben, und das Gehen fiel schwer. Wir gerieten immer wieder ins Stolpern. Ich weiß nicht, wie lange das Ganze dauerte. Ich kann mich kaum an irgend etwas in meinem Leben erinnern, das so viel Zeit in Anspruch nahm. Jeder Schritt tat uns dreien weh. Ich hörte sie stöhnen und keuchen, während sie mich dahinschleppten, und sie taten mir leid. Aber ich litt selbst entsetzliche Schmerzen. Es fiel mir schwer zu verhindern, daß mein Bein mit dem Boden in Berührung kam, und jedesmal, wenn es irgendwo anstieß, wenn es auch nur von trockenem Unkraut gestreift wurde, durchzuckten es rasende Schmerzen, so daß mein ganzer Körper zitterte. Auch die Arme schmerzten. Ich hatte das Gefühl, als zögen die Frau und meine Mutter sie aus den Achselhöhlen. Ich stöhnte leise. Zu schreien wagte ich nicht, weil der Kapo davon so wütend hätte werden können, daß er uns alle drei erschossen hätte.

Schließlich erreichten wir das Anschlußgleis. Dort stand ein Aufseher mit einer kleinen Gruppe weiterer kranker Gefangener, die für die Nazis nutzlos geworden waren. Ihre Gesichter waren ausdruckslos, zeigten nicht die geringste Reaktion auf unsere Ankunft oder auf sonst etwas – als wären sie bereits tot, als vermöchten sie überhaupt nichts mehr zu empfinden. Der Kapo ließ meine Mutter und mich bei dieser jammervollen Gruppe und trieb die Frau, die uns geholfen hatte, davon, zurück zum Arbeitslager. Wir sahen sie nie wieder.

Der Bewacher erlaubte, daß wir uns setzten, aber einige der kranken Gefangenen waren zu abgestumpft, um diese ungewohnte Gunst zu nutzen. Stumm warteten wir auf den Zug. Meine Arme taten weh, mein Bein durchströmten pulsierende Schmerzen, ich war hungrig und durstig und unglücklich wegen meiner Mutter, die mit gesenktem Kopf neben mir saß, ganz erledigt von der langen Anstrengung, mich voranzuschleppen. Ich streckte meine rauhe Hand zu ihr hin und drückte die ihre. Sie erwiderte den Druck, brachte es aber nicht über sich, mich anzusehen. Wenigstens lebten unsere Seelen noch.

Schließlich kam der Zug. Die Bewacher stießen uns in die Viehwaggons und knallten die Türen zu. Zumindest war es nicht beengt, und man bekam Luft, aber wir hatten nicht mehr die Kraft, uns bequem auszustrecken. Wir lagen da, wo man uns hingeworfen hatte, auf schmutzigem Stroh. Der Zug hielt immer wieder und stand dann lange Stunden, bis er wieder anfuhr. Natürlich brachte uns niemand Wasser oder etwas zu essen.

Manchmal warfen sie weitere Gefangene in unseren Waggon. Und eine dieser Gefangenen war Hanni, eine Frau, die ich noch heute kenne. Sie war mit ihrer Mutter in einem anderen Zwangsarbeitslager gewesen, und ihre Mutter war zu schwach geworden, um weiterarbeiten zu können. Jetzt mußte Hanni mit ihr nach Stutthof zurückkehren. Sie war entsetzt, als sie sah, in welchem Zustand ich mich befand, und sie versuchte, meine Mutter zu trösten. Es war eine lange, strapaziöse Fahrt zurück zum Konzentrationslager Stutthof.

Schließlich wurde der Zug langsamer und hielt mit kreischenden Bremsen an. Bewacher rissen die Türen auf. Die meisten der ausgemergelten Gefangenen auf dem Boden des Waggons waren zu geschwächt, um irgend etwas zu sagen oder nur aufzublicken. Die Bewacher befahlen uns brüllend: »Raus aus dem Zug!« Mühsam half Hanni uns allen hinunter, ihrer Mutter, meiner Mutter und dann mir. Mein Bein schmerzte so heftig, daß ich nicht ohne Hilfe stehen konnte. Viele der anderen Gefangenen hatten nicht die Kraft, sich vom Boden des Waggons zu erheben. Bewacher stiegen hinauf und beförderten sie mit Fußtritten auf den Bahnsteig. Sie blieben dort liegen, wohin sie gestoßen worden waren. Ich erinnere mich, wie ich voller Entsetzen und zu ohnmächtigem Mitleiden verurteilt diese bewegungsunfähigen Menschen anstarrte, vom Hunger gezeichnet und mit Leibern, die von der Unterernährung aufgetrieben waren.

Im Arbeitslager waren wir isoliert gewesen, eine kleine Gruppe, die nicht zu streng beaufsichtigt, nicht von gutausgebildeten oder qualifizierten Leuten kommandiert wurde, und die Dinge wurden nicht immer mit der legendären teutonischen Tüchtigkeit gehandhabt. Jetzt befanden wir uns auf einem wohlorganisierten Fließband, das uns unerbittlich in den Tod befördern sollte.

Wir wurden im Freien zusammengetrieben. Ein beißend kalter Winterwind peitschte uns ins Gesicht. Die Bewacher, in pelzgefütterte Wintermäntel gehüllt, die uns Juden gestohlen worden waren, verschränkten die Arme und stampften mit den Füßen, um sich warmzuhalten. Wir waren beinahe nackt, ohne die geringste Fettschicht, die uns gegen die Kälte geschützt hätte, doch einige der Gefangenen waren zu apathisch geworden, um dem Wind auch nur den Rücken zuzuwenden.

Als erstes ging es zur Entlausung. Wir hatten sie wirklich nötig. Die Leute waren schmutzig. Sie stanken. Ihre Kleider wimmelten von fetten Läusen, ebenso die Haare. Die ausgemergelten Körper waren von den Bissen des Ungeziefers angeschwollen. Die Läuse saugten einem das Blut aus. Sie konnten den Tod bringen.

Wer nicht zu Fuß zur Entlausung gehen konnte, wurde auf eine sogenannte »Karre« geworfen. Polnische Gefangene, Männer, die schwere Verbrechen begangen hatten, beluden und zogen die Fuhrwerke. Da sie viel mehr zu essen bekamen als die Juden, waren sie gesünder und kräftiger als wir. Ich war zu schwach, um auch nur vom Bahnsteig zu den Fuhrwerken zu gehen. Hanni und meine Mutter stützten mich. Dann hob mich ein polnischer Häftling mühelos hoch und warf mich auf einen Haufen halbtoter, verlauster Gefangener, die nur noch aus kantigen Knochen bestanden. Auf mich warf er weitere Frauen, und dann ging es los. Meine Mutter schleppte sich nebenher, während er uns zur Entlausung transportierte. Hierbei wurden Hanni und ihre Mutter von uns getrennt. Beide sah ich erst nach der Befreiung in Israel wieder.

Jemand lag auf meinem entzündeten Bein. Der Schmerz war infernalisch, und ich wäre beinahe ohnmächtig geworden. Von dem Karren aus konnte ich nicht sehen, wohin sie uns brachten. Ich litt zu große Schmerzen, um auch nur darüber nachzudenken. Bei jedem Ruck rammte das Knie irgendeiner anderen armen Gefangenen gegen mein Bein, und ich hielt meine Schmerzensschreie nicht zurück. Niemand sagte, ich solle damit aufhören. Ich versuchte mich in eine Position zu winden, die weniger schmerzhaft war, schaffte es aber nicht. Die anderen Frauen bewegten sich kaum. Hin und wieder hörte ich ein leises Stöhnen.

Die Fahrt war ohnehin bald zu Ende. Der Häftling, der den Karren zog, kippte ihn, und wir glitten auf den Boden, ein Gewirr steifer Körper. Ich befreite mich und rappelte mich trotz der Schmerzen hoch. Wir wurden in eine riesige Halle getrieben, deren Boden aus festgetretener Erde bestand. Diejenigen von uns, die die Umgebung registrierten, wurden von Panik erfaßt. Kapos liefen umher, fluchten und prügelten uns offensichtlich aus reiner Willkür. Sie befahlen uns, Reihen zu bilden, und dann ließen sie uns von jüdischen Gefangenen die Haare abschneiden. Die »Friseusen« konnten uns nicht in die Augen sehen. Sie wußten, welches Los uns bestimmt war. Sie brachten es nicht über sich, uns anzusprechen. Ihre Scheren waren so stumpf, daß sie mir das Haar mehr vom Kopf rissen, als daß sie es abschnitten. Ich sah, wie es auf den Boden fiel. Eine Gefangene kehrte mit einem Besen apathisch all das abgeschnittene Haar zu einer riesigen, nicht mehr unterscheidbaren Masse zusammen.

Wenigstens hatte ich meine Mutter noch zur Seite. Sie

war ebenfalls kahl. Ich blickte sie rasch an. Meine Augen wurden feucht, und ich wandte mich ab.

Nachdem uns die Haare abgeschnitten worden waren, wurde eine Selektion vorgenommen. Einige von uns waren dafür vorgesehen, sofort getötet zu werden, andere mußten abwarten, bis die Reihe an sie kam. Bei allen vorhergehenden Selektionen war von uns beiden meine Mutter die Gefährdete, ich hingegen fast sicher gewesen durchzukommen. Diesmal stand sie vor mir, um meinen Zustand zu verbergen. Sie wurde nach rechts geschickt. Dann war ich an der Reihe. Zwar versuchte ich, einen kräftigen Eindruck zu machen und fröhlich zu lächeln, doch der SS-Arzt sah, daß ich mich anstrengte, auf einem Fuß gerade zu stehen, und schickte mich nach links.

Meine Mutter zögerte ein bißchen, um zu hören, welches Schicksal mir bestimmt wurde. Als die Entscheidung gefallen war, wandte sie sich um und nahm mich in die Arme. Wir klammerten uns weinend aneinander. Sollten sie uns doch beschimpfen und zu Tode prügeln! Es war uns gleichgültig. Wir hatten einander so lange am Leben erhalten, doch jetzt war für uns das Ende gekommen. Ich nahm von meiner Mutter für immer Abschied. Es war eine unsäglich schmerzhafte Trennung. Jeder empfand für den anderen mehr Trauer als für sich selbst.

Bis zu diesem Augenblick hatte ich mich irgendwie der Endgültigkeit dessen, was uns geschah, verweigert. Doch jetzt ließ sie sich nicht mehr leugnen. Wir klammerten uns aneinander, während die Kapos uns anschrien. Schließlich stürzten sie herbei und zogen uns voneinander weg. Sie schubsten meine Mutter in die kleine Gruppe derer, die später umgebracht werden sollten, und stießen mich zu den Gefangenen, die wir »Muselmanen« nannten, zu jenen, die zur sofortigen Beseitigung vorgesehen waren, die jegliche Hoffnung aufgegeben hatten.

»Sei tapfer, Mutter«, schrie ich ihr noch auf deutsch nach. »Versuche, am Leben zu bleiben!«

In diesem Augenblick kam eine Frau in Zivilkleidung auf mich zu. Später stellte ich fest, daß sie die Sekretärin des Lagerkommandanten war. Sie hatte offensichtlich meine Mutter und mich beobachtet, als wir voneinander Abschied nahmen, und uns deutsch sprechen hören.

»Ist das deine Mutter?« fragte sie mich. Ich bejahte. »Furchtbar«, sagte sie, »furchtbar!«

»Was kann furchtbarer sein, als zu sterben?« sagte ich.

»Nein, das ist noch furchtbarer, noch furchtbarer«, antwortete sie und eilte davon.

Ich dachte nicht weiter über sie nach.

Jetzt befahlen uns die Kapos, unsere Sachen auszuziehen und sie auf einen gewaltigen Haufen zu werfen. Brutal rissen sie den Gefangenen, die den Befehl nicht verstanden hatten oder zu schwach waren, um ihn auszuführen, die Kleider vom Leib. Nun, da ich mein Haar, meine Kleider und vor allem meine geliebte Mutter verloren hatte, war ich auf dem absoluten Nullpunkt angelangt. Meine Haut und meine Knochen, die böse Infektion an meinem Bein – das war alles, was mir geblieben war.

Die anderen Gefangenen um mich herum, die »Muselmanen«, schienen bereits tot zu sein. Man hatte sie hungern lassen und geschunden, bis sie kaum mehr bei Bewußtsein waren. Nachdem ihnen das Haar geschoren worden war, wirkten ihre Köpfe wie nackte Totenschädel, aus denen riesig die Augen ihrem Schicksal stumpf entgegenstarrten.

Wo ich auch hinschaute, überall waren abgezehrte, nackte weibliche Körper, von langer Entbehrung so eingeschrumpft, daß sie kaum mehr wie die von Frauen aussahen – Müttern, Ehefrauen und Töchtern, Frauen, die einmal empfangen, geboren und Kinder genährt hatten. Sie waren nur noch Zerrbilder ihres Menschseins. Ich schloß die Augen, um diesen grausigen Anblick, dieses riesige Gewimmel von Knochen und kahlen Köpfen nicht sehen zu müssen. Die Haut der Frauen war straff gespannt und übersät mit blauen Flecken, wunden Stellen und Insektenbissen. Nur ihre Augen waren noch menschlich, auf bestürzende Weise mehr als menschlich – in scharfem Kontrast zu allem andern. Ihre Augen baten um Mitleid, flehten: »Laßt uns jetzt wenigstens in Frieden sterben.«

Doch selbst mit festgeschlossenen Augen konnte ich diesem Bild nicht entgehen. Es drang mir noch machtvoller durch die Lider, als wenn ich die Augen offen gehabt hätte.

Ich empfand nichts als Verzweiflung und Schmerz: den Schmerz in meinem Bein, den Schmerz in meinem Magen durch das monatelange Hungern, und das Leid über die Trennung von meiner Mutter. Ich verschränkte die Arme und balancierte auf dem einen Bein, so gut ich konnte.

Wir befanden uns auf einem großen, mit Mauern umgebenen Areal, und es war warm. So viele Monate war es kalt gewesen, daß mir das Gefühl von Wärme fremd geworden war. Dann sah ich, woher die Hitze kam. Am anderen Ende waren riesengroße Öfen. Zwischen mir und diesen Öfen stand eine apathische Menge »Muselmanen«. Sie waren vollkommen am Ende, hatten nicht mehr die geringste Lebenshoffnung. Sie sollten meine letzten Wegbegleiter auf Erden sein. Allerdings war ich nicht völlig willenlos. Ich war bei klarem Bewußtsein, auch wenn ich nun keinen Ausweg mehr fand. Ich sah die kriminellen Häftlinge vor den Rachen der Öfen stehen und die »Muselmanen« ins Feuer werfen. Diese waren dem Tod schon so nahe, daß sie keinerlei Gegenwehr zu leisten vermochten. Die Nazis machten sich nicht einmal die Mühe, sie in die Gaskammern zu schicken, bevor sie verbrannt wurden. Sie ließen sie bei lebendigem Leib in die Öfen werfen, wo die Opfer in der intensiven Hitze der Glut augenblicklich starben.

Immer mehr Menschen wurden hinter mir in den

Raum gestoßen, und ich wurde auf die Öfen zugedrängt. Meine einzige Möglichkeit, dem sicheren Tod zu entrinnen, bestand darin, mir nach hinten einen Weg zu bahnen, weg von den Öfen, indem ich mich zwischen den neu Dazukommenden hindurchwand. Das tat ich, solange ich konnte, aber mein Bein schmerzte so sehr, daß ich es aufgeben mußte. Ich konnte kaum stehen, und die Masse der nackten, zu Skeletten abgemagerten Körper drängte mich vorwärts, so sehr ich mich auch dagegenstemmte.

Inzwischen war ich den Öfen so nahegekommen, daß ich die Gesichter der polnischen Häftlinge sehen konnte, die lebende Menschen ins Feuer warfen. Sie packten die Frauen, wo sie sie zu fassen bekamen, und stießen sie mit dem Kopf voran hinein. Manchmal, wenn eine Frau so groß war, daß sie nicht ganz in den Ofen paßte, verbrannte nur der obere Teil ihres Körpers, und sie mußten die Füße nachschieben. Es dauerte einige Zeit, bis ein Körper ganz von den Flammen verzehrt war. Es kam zu Verzögerungen, aber niemand schrie. Niemand wehrte sich. Die Opfer, Hunderte von Frauen, waren gleichgültig geworden, infolge von Krankheiten und Unterernährung, Leid und Erschöpfung zu nur mehr mechanisch existierenden Wesen abgesunken, aber ich war bei wachen Sinnen, war mir meiner Nacktheit bewußt, spürte den Schmerz in meinem Bein, spürte die Hitze der Flammen vor mir. Und dann, als ich sah, daß ich als nächste an der Reihe war, erstarrte ich. Ich verlor meine Bewußtheit wie die anderen, wurde gleichsam zu Stein. Ich hätte nicht geschrien und mich nicht gewehrt gegen diese groben Hände. Diese Unmenschen hätten mich hochgehoben und wie die anderen Frauen in den feurigen Schlund geworfen, und ich wäre nicht einmal zu einer Geste imstande gewesen, um sie daran zu erinnern, daß ich doch ein menschliches Wesen war. Und dann – hörte ich die Stimme, war es ein Traum? In diesem Augenblick, als ich dicht vor dem Ofen stand, öffnete sich eine Tür am

Ende des Areals. Der Lagerkommandant stand dort, ein kleinwüchsiger Mann von etwa fünfundvierzig Jahren, mit dunkelbraunem Haar und einer mit Medaillen bedeckten Brust. An seiner Mütze funkelten Abzeichen. Er stand dort, in steifer Haltung, hinter ihm zwei Krankenträger, und deutete auf mich. Er brüllte: »Holt dieses Mädchen hier raus!«

Statt mich zu verbrennen wie die anderen Frauen, legten mich die polnischen Kriminellen auf die Bahre. Der Lagerkommandant befahl, mich ins Krankenrevier zu bringen. Dort arbeiteten jüdische Häftlinge als Krankenschwestern und Sanitäter. Sie säuberten meinen Körper und verbanden das verletzte Bein. »Es wird amputiert werden müssen«, hörte ich jemanden sagen. Ich begriff nicht, was sich abspielte. Ich konnte nur an meine Mutter denken. Wo war sie jetzt?

Die deutsche Frau, die nach der Selektion zu mir gesprochen hatte, kam jetzt mit einem dunkelroten Nachthemd herein. »Zieht ihr das an«, befahl sie. Sie schaute mich an: »Ich habe den Lagerkommandanten gebeten, dich zu retten.« Sie machte kehrt und ging weg, bevor ich ihr danken oder nach meiner Mutter fragen konnte.

Es ist mir bis auf den heutigen Tag absolut schleierhaft, warum ich gerettet wurde. Immer wieder habe ich mir seither darüber den Kopf zerbrochen. Wären nicht all die anderen gewesen, die sie umgebracht haben, könnte man sagen, es war ein Wunder.

Was hatte die Sekretärin in mir gesehen? Lag es daran, daß meine Mutter und ich ein tadelloses Deutsch sprachen? Vielleicht lag der Grund darin, daß ich einer der wenigen Menschen dort war, die noch klar denken konnten – ein junges und trotz des infizierten Beins relativ gesund aussehendes Mädchen. Wie war es ihr gelungen, den Lagerkommandaten zu überzeugen? Vielleicht hatte er auf dem Schreibtisch eine Fotografie von seinen Kindern stehen, und die Sekretärin sagte zu ihm, ich sähe wie seine Tochter aus? Was hatte er mit mir vor? Ich habe nur Fragen, keine Antworten.

Der Lagerkommandant gab Befehl, mein Bein zu operieren. Man zog mir, wie einer Prinzessin, das dunkelrote Nachthemd an und trug mich aus dem Krankenrevier. An der Tür stand der Kommandant. Er hob eine Hand, um die Krankenträger aufzuhalten, und sah mich mit einem seltsamen Ausdruck an. Empfand er Mitleid? Sein Gesicht verriet keine Gefühlsbewegung. »Ich habe dich gerettet«, sagte er kalt.

»Nein«, antwortete ich. Woher hatte ich den Mut, die Frechheit, das Selbstvertrauen? Ohne mein Zutun stellte sich all das in diesem Augenblick wie von selbst ein. Ich blickte diesem gemeinen Mörder ins Gesicht und sagte: »Wo ist meine Mutter? Ihr habt sie mir weggenommen.«

5. Kapitel *Das brennende Schiff*

Der Lagerkommandant fragte mich nur nach ihrem Namen, sein Gesicht verriet nichts.

Er drehte sich rasch um und stolzierte zu seinem Dienstzimmer zurück, aber er muß den Befehl gegeben haben, nach meiner Mutter zu suchen. Ein Kapo schrieb den Namen auf einen Zettel und ging hinaus, anscheinend, um sich auf die Suche nach ihr zu machen. Ich erinnerte mich an den Tag, an dem wir aus dem Getto von Kowno nach Stutthof gekommen waren, wie ich auf der Suche nach meiner Mutter von einer Frau zur anderen gerannt und nur durch Zufall auf sie gestoßen war. Mir, ihrer eigenen Tochter, war es beinahe unmöglich gewesen, sie in dieser riesigen Menge verzweifelter Frauen zu finden. Der Kapo kannte sie nicht, und sicher war es ihm gleichgültig, ob er sie fand oder nicht. Würde er sich überhaupt die Mühe machen, nach ihr zu suchen? Woran sollte er sich halten? In einem Konzentrationslager bedeuteten Namen nichts. Aber ich nehme an, daß er ungefähr gewußt haben muß, wohin Mutter geschickt worden war, denn er kannte die Zeit unserer Ankunft. Würde er sie, fragte ich mich, in dieser riesigen, anonymen Masse kahlgeschorener Frauen, die in Baracken warteten, bis sie an der Reihe waren, getötet zu werden, finden?

Mein Bein tat mir noch immer furchtbar weh, zumindest aber war ich jetzt sauber und wärmer angezogen. Das weiche, dunkelrote Nachthemd war eine Wohltat nach den schmutzigen Kleidern, in denen ich in dem Arbeitslager bei Torun gearbeitet und geschlafen hatte. Und noch willkommener nach der Demütigung, die wir erlitten hatten, als wir uns hier in Stutthof nackt hatten ausziehen müssen.

Die beiden Krankenträger trugen mich auf der Bahre dahin wie eine Prinzessin in einem grotesken Märchen. Zahllose verzweifelte Frauen waren draußen versammelt, zu einem grausamen Tod verdammt. Irgendwo zwischen all diesen verlorenen Seelen irrte meine Mutter umher. Ich machte mir größte Sorgen um sie. Als sie das letzte Mal von mir getrennt worden war, hatte sie versucht, sich zu strangulieren. Was würde sie diesmal tun?

Zum Glück war sie nicht ganz allein. Sie war auf ein paar Frauen gestoßen, die sie aus dem Getto von Kowno kannte. Sie saßen zusammen unter ein paar kahlen Bäumen auf der kalten Erde und versuchten einander zu trösten. Die anderen Frauen waren mit den Vorgängen in Stutthof vertraut, und auch sie kannten Verzweiflung und Schmerz. Sie sagten zu meiner Mutter: »Trudi ist nicht mehr am Leben. Von den Öfen kehrt niemand zurück. Sie müssen in dem Gedanken Trost finden, daß sie wenigstens nicht mehr leiden muß. Aber Sie müssen versuchen, am Leben zu bleiben, damit die Erinnerung an sie fortlebt.« Diejenigen, die am Leben blieben, nannten einander immer Gründe, warum man es schaffen müsse.

In diesem Augenblick wurde ich auf meiner Bahre über den eingezäunten Platz getragen, wo meine Mutter saß. Alle blickten in meine Richtung. Sie sah mich, aber sie erkannte mich nicht. Wie auch? Als sie mich zuletzt gesehen hatte, hinkte ich schmutzig und erschöpft in einer Gruppe »Muselmanen« fort, auf die der Flammentod wartete, und jetzt war ich sauber und ruhte in einem weichen, warmen Nachthemd auf einer Tragbahre. Es war unvorstellbar, daß ihre Tochter, die, wie man ihr gerade gesagt hatte, mit Gewißheit tot war, hier so erschien, inmitten der Schreckensszenerie des Konzentrationslagers. Sie konnte nicht erfassen, daß ich wirklich ihre Tochter war. Für sie war es mehr wie ein Traum, in dem unerfüllbare Wünsche Wirklichkeit werden. Von den Verbrennungsöfen war noch nie jemand zurückgekehrt. Aber da war ich, nicht nur am Leben, sondern auch unter dem Schutz des Lagerkommandanten.

Ich erkannte meine Mutter und rief ihr zu: »Mama! Ich bin's!« Die Krankenträger blieben stehen.

Meine Mutter hörte meine Stimme und stieß einen ungläubigen Schrei aus. »Trudi, du lebst noch?« Das, was sie nicht gewagt hatte zu hoffen, trat nun ein. Ich wurde ihr zurückgebracht, und sie konnte es nicht glauben.

Von der Tragbahre aus rief ich zurück: »Ja, sie haben mich nicht umgebracht.« Sie stand auf und versuchte sich trotz ihrer Schwäche zu mir durchzudrängen. Ich streckte ihr eine Hand entgegen. Wir berührten einander und konnten das Glück nicht fassen, uns wiedergefunden zu haben.

Der Kapo, der nach meiner Mutter gesucht hatte, deutete auf sie und brüllte: »Bringt diese Frau ins Krankenhaus!« So folgte meine Mutter der Tragbahre. Plötzlich bestand wieder eine Chance, daß wir doch am Leben blieben.

Die Kapos brachten mich ins Krankenhaus und richteten den Befehl des Lagerkommandanten aus: Mein Bein sollte operiert werden. Das ärztliche Personal bestand aus litauischen Juden. Die Ärztin, die sich meine Wunde vornahm, hieß mit Nachnamen Kaplan. Sie hatte zu den besten Chirurgen in Kowno gehört und kannte meinen Onkel Jakob und die Familie meiner Mutter. Sie erinnerte sich an uns.

Sie untersuchte die Wunde und sagte, es wäre am einfachsten, unterhalb des Knies zu amputieren. Sie glaube aber, daß sie mein Bein retten könne. Zu diesem Zeitpunkt lag es für mich noch immer im Bereich des Möglichen, an der Infektion zu sterben, und ich sah nicht ein, warum sie so einen Wirbel darum machte, das Bein zu retten. Ich nickte nur ausdruckslos.

Die Ärztin tat, was in ihren Kräften stand, mit den wenigen Hilfsmitteln, die im Krankenrevier des Konzentrationslagers zur Verfügung standen. Die Station für die Juden war von der für die Behandlung nichtjüdischer Gefangener abgesondert. Unhygienisch, ohne Heizung und enorm überbelegt, glich das Krankenrevier in keinem Punkt einem richtigen Krankenhaus.

Natürlich gab es keine Betäubungsmittel, nur etwas, was die Schmerzen ganz leicht dämpfte. Dr. Kaplan schnitt das brandig gewordene Fleisch weg, und jeder Schnitt ihres Skalpells tat grauenhaft weh. Wir bissen beide die Zähne zusammen: Ich, um nicht zu schreien, und sie, um trotz der Schmerzen, die sie mir zufügen mußte, ruhig zu arbeiten. Schließlich hatte sie die Wunde gesäubert und desinfiziert, so gut sie konnte, und gab Weisung, mich in den Krankensaal bringen zu lassen, wo meine Mutter und ich schliefen.

Mindestens ein Tag verging, bis ich mich so weit erholt hatte, daß ich meine Umgebung wahrnehmen konnte. Wie alle Patienten schliefen auch wir auf einer Holzpritsche. Gewöhnlich mußten sich vier Gefangene eine solche Pritsche teilen, doch zum Zeichen unserer bevorzugten Stellung bekamen meine Mutter und ich eine für uns beide allein.

Natürlich hatte niemand so etwas wie Bettwäsche, immerhin aber gab es ein paar schmutzige, alte Armeedekken. Wir bekamen alle die genormte Hungerkost: die uns nun schon bekannte wässrige Suppe aus Kartoffelschalen mit Sandkörnern darin und ein bißchen hart gewordenes Brot. Anders als im Arbeitslager, wo ich zu erschöpft gewesen war, um mich anderen Menschen außer meiner Mutter zu öffnen, schloß ich mit einigen der anderen Patientinnen Freundschaft.

Meine Mutter und ich lagen erst ein paar Tage im Krankenrevier, als der Lagerkommandant den Raum betrat und sofort zu unserer Pritsche eilte. Mit einer eisenharten, tonlosen, grausamen Stimme befahl er mir: »Steh auf, und geh in mein Dienstzimmer! Verstanden?«

Meine Mutter brüllte er an: »Aufstehen! Fang an, hier den Boden zu putzen!« Er deutete auf den Korridor. So rasch sie konnte, kletterte meine Mutter von der Pritsche, und dabei sah er, daß sie mit schmutzigen Lumpen bekleidet war. Er befahl einem Kapo: »Hol ihnen sofort Arbeitskleidung.«

Ich war noch immer nicht auf den Beinen. Er sah mich wieder an und brüllte: »Raus hier!«

»Ich kann nicht gehen«, protestierte ich. Ich war nur ein einziges Mal aufgewesen, als ich zur Latrine ging, und auch das war mir nur gelungen, weil meine Mutter mich bei jedem Schritt gestützt hatte. Ich hatte furchtbare Schmerzen dabei.

»Raus aus dem Bett!« brüllte er, und ich mußte gehorchen, obwohl ich mich kaum aufrecht halten konnte. Ich hatte keine Ahnung, was er von mir wollte.

Er schaute auf meine Füße herab. An meinem gesunden Fuß hatte ich eine Holzpantine. Die Kapos bekamen einen weiteren Befehl: »Holt ihr ein Paar Schuhe!« Dann verließ er den Raum.

Schon nach kurzer Zeit kamen die Kapos mit etwas besseren Sachen für meine Mutter und mich und mit einem Paar gebrauchter Soldatenstiefel zurück. Wir zogen die Kleider an, so rasch wir konnten. Den schweren, steifen Stiefel über mein verletztes Bein zu ziehen, war eine Qual, aber ich wußte, es blieb mir nichts anderes übrig. Der Lagerkommandant kam wieder großmächtig hereingeschritten und schrie: »Warum bist du nicht im Büro?«

»Ich kann nicht gehen.«

»Du mußt!«

Gegen diesen Befehl kam ich nicht an. So rasch meine

furchtbaren Schmerzen es zuließen, begab ich mich, auf einem Bein hüpfend, in das Büro des Krankenhauses.

Der Kommandant folgte mir. Er befahl mir, mich an einen Tisch zu setzen, und reichte mir eine Liste mit Namen. »Schreib diese Liste ab. Wenn dich irgend jemand fragt, was du da tust, dann sagst du ›Büroarbeit‹«. Die Liste enthielt die Namen von Gefangenen, die am Tag vorher gestorben waren, und war sehr lang. Draußen vor dem Fenster sah ich die Leichenstapel. Ich erkannte einige der Frauen, mit denen ich mich im Krankenrevier angefreundet hatte.

Schon bald fand ich heraus, warum der Kommandant meine Mutter und mich aus dem Krankensaal und zum Arbeiten geschickt hatte. Eine Delegation hochrangiger SS-Offiziere, die eine Inspektionsreise unternahm, war in Stutthof eingetroffen. Binnen weniger Minuten erschienen die Offiziere im Krankenhaus. Ihr tückischer Augenausdruck verhieß nichts Gutes. Sie gehörten zu den brutalsten Mördern unter den Nazis, trugen makellose Uniformen und waren aufgeputzt mit Medaillen und Ordensbändern. Ihre Dolche, Offiziersstöckchen und glänzend schwarzen Ledergürtel und -stiefel gaben ihnen ein unheildrohendes Aussehen.

In der Krankenbaracke veranstalteten die Nazi-Offiziere eine kleine, private »Selektion« zu ihrer Belustigung. Sie zwangen die kranken Frauen, sich zu entkleiden und wie Modelle auf einer Modenschau vor ihnen auf und ab zu paradieren. Sie begutachteten sie eingehend, tauschten obszöne Witzeleien aus und entschieden, welche der Frauen fürs Arbeiten und welche für sexuellen Mißbrauch geeigneter waren. Sie weideten sich an der Scham ihrer Opfer, und wenn eines für ihren Geschmack zu mager und zu schwach war, sprachen sie mit Behagen die gefürchteten Worte aus: »Ab ins Krematorium!«

Sie bemerkten zwar meine Mutter, die draußen im Korridor den Boden putzte, als wäre das ihre tägliche Arbeit (sie hatte im Lazarett außerhalb des Gettos von Kowno ja genug Gelegenheit gehabt, sich darin zu üben), ignorierten sie aber. Sie nahmen auch von mir, der »Bürokraft«, keine Notiz. Ich erlebte selbst nicht, was in dem Krankensaal vor sich ging; man erzählte es mir erst hinterher.

Während die Offiziere die nackten Frauen auf und ab paradieren ließen, scheuerte meine Mutter fleißig den Boden, und es tat ihr in der Seele weh, als sie sah, was ihren Leidensgenossinnen widerfuhr. Während dieser Selektion wurden zahlreiche Frauen aus dem Krankenrevier entfernt, um vergast zu werden.

Als die SS-Offiziere fort waren, konnten meine Mutter und ich in den Krankensaal zurückkehren. Die Kapos nahmen uns die Arbeitskleidung ab. Im Lager galt die Vorschrift, daß eine Frau sieben Tage lang im Krankenrevier bleiben durfte. Wenn sie genas, wurde sie wieder hinaus ins Arbeitslager geschickt, wenn nicht, stand ihr der sichere Tod bevor. Ohne die Protektion des Lagerkommandanten hätte man auch mich sicher in die Gaskammer geschickt. Auch weiterhin wurden Frauen aus den Reihen der Kranken ausgesondert, aber wir wurden nie wieder von hohen Offizieren inspiziert, und der Kommandant konnte dafür sorgen, daß wir, obwohl nicht mehr als Arbeitskräfte verkleidet, nicht weggebracht wurden.

Die erste Operation meines infizierten Beines war nur teilweise erfolgreich, weshalb die Wunde noch einmal geöffnet werden mußte, um den Eiter abfließen zu lassen. Ich weiß nicht mehr, wie ich diese teuflischen Schmerzen überstand. Mein Bein war nicht zu gebrauchen, und noch lange Zeit, selbst als der Krieg vorbei war, konnte ich es nicht ganz gerade strecken.

Zusätzlich zu den Selektionen jede Woche erschienen manchmal Offiziere der unteren Ränge zu einer Überraschungsinspektion. Manche der Mädchen im Krankenrevier waren immerhin so kräftig, daß sie stehen konnten und hielten Wache. Wenn sie die Offiziere kommen hörten, riefen sie: »Sechs!« Die Offiziere kamen hereinstolziert, kräftig und wohlgenährt, sauber und warm angezogen, arrogant und bösartig. Sie gingen von Pritsche zu Pritsche und hoben mit ihren Stöckchen die Decken hoch, um sich unsere Körper zu betrachten. Wir bemühten uns alle, zu lächeln und ein fröhliches Gesicht zu machen, um zu zeigen, daß wir in guter Verfassung waren. Doch wenn es ihnen einfiel, konnten sie ganz nach Belieben Leute in die Gaskammern schicken.

Manchmal frage ich mich, warum sie überhaupt eine Art Krankenhaus für uns unterhielten. Der ganze Sinn der Konzentrationslager bestand ja darin, Juden umzubringen – warum also etwas tun, um sie am Leben zu erhalten? Der Grund ist nach meiner Überzeugung der, daß sie uns möglichst viel leiden lassen wollten. Sie wollten uns nicht nur töten, sie wollten uns foltern, uns brechen. Man sah ihren Gesichtern an, daß es ihnen Freude machte, wenn wir Schmerzen litten. Sie taten alles, was ihnen nur einfiel, um unser Leiden noch unerträglicher zu machen. Deswegen ließen sie uns auch nur halb verhungern – um uns so lange wie möglich am Leben zu erhalten, bevor wir aus Nahrungsmangel zusammenbrachen. Ich möchte, daß niemand die nackte Grausamkeit in den Lagern vergißt. Es waren nicht nur unpersönliche Todesfabriken, wo Menschen in Gaskammern und Krematorien zu einer Art makaberem Produkt »verarbeitet« wurden. Hier konnten sadistische, bestialische Kriminelle ihre grausamsten und groteskesten Phantasien an unschuldigen Opfern austoben. Wenn eine Epidemie unsere Qualen noch verschlimmerte, dann war das nur in ihrem Sinne, aber sie wollten die Fiktion eines Krankenhauses und einer ärztlichen Betreuung aufrechterhalten, um unser Leiden noch ärger zu machen, um uns vor Augen zu halten, zu welchen Erwartungen ein Mensch normalerweise berechtigt ist.

Hin und wieder kam ein Kapo in die Krankenhausbaracke und trieb es vor aller Augen schamlos mit einer der Frauen. Ich erinnere mich, eine solche Szene mitangesehen und nicht recht begriffen zu haben, was er mit ihr tat. Immerhin bemerkte ich, daß sie eine hübschere Decke auf der Pritsche hatte. Das Mädchen bekam wahrscheinlich ein belegtes Brot oder ein Stück Wurst dafür, daß es ihm zu Willen war. Wir hatten immerfort solchen Hunger, daß uns ein Extrabissen vorkam wie ein kostbarer Schatz. Aber natürlich blieb ihr ohnehin nichts anderes übrig. Hätte sie nicht eingewilligt, wäre sie umgebracht worden. Ich erinnere mich auch noch, daß eine der Frauen im Krankenrevier ein Kind bekam, die Kapos es ihr aber wegnahmen und töteten.

Meine Mutter und ich sprachen miteinander stundenlang, wenn wir zusammen auf der Pritsche im Krankenrevier lagen. Wir riefen uns die Vergangenheit in die Erinnerung, die glücklichen Zeiten in Frankfurt, bevor die Nazis an die Macht gekommen waren, und die wunderbaren Menschen, die nie wiederkehren würden: meinen geliebten Vater, meinen Onkel Benno. Wir stellten Überlegungen an, ob die Russen das Getto in Kowno rechtzeitig erreicht hatten, um die Eltern meiner Mutter und ihren Bruder Jakob zu retten. Und meine Mutter machte sich große Sorgen um meinen Bruder Manfred, den wir nicht mehr gesehen hatten, seitdem wir von den Nazis nach Stutthof verfrachtet worden waren. Wohin mochten sie ihn gebracht haben? Gelang es ihm, irgendwie durchzukommen? Würden wir ihn jemals wiedersehen?

Ich strengte mich immer an, uns eine rosige Zukunft auszumalen. Ich dachte mir ein glückliches Land aus, das ich das Land Israel nannte und wo wir behaglich und in Sicherheit leben würden. Ich sah in meiner Phantasie alles, was wir dort essen würden, saftiges Obst und leckere Brötchen, mit Butter bestrichen. Aber mehr als alles andere erfüllte mich das Verlangen, eine Tasse heißer Schokolade zu trinken.

Im Krankenhaus freundeten wir uns mit einigen der anderen Frauen an. Wir bekamen beinahe nichts zu essen, aber wenigstens mußten wir nicht wie Sklaven schuften und in der gefrorenen Erde Gräben ausheben. Die Tage vergingen in einer grauenvollen Anspannung, da wir nie wußten, ob man uns nicht im nächsten Augenblick herausholen und in den Tod schicken würde. Doch erreichten uns Gerüchte, daß die Deutschen im Begriff seien, nun endgültig den Krieg zu verlieren, und das wirkte belebend auf uns. Immer wieder fragten wir uns, wann unsere Retter wohl kommen würden und warum es so lange dauerte.

Der Lagerkommandant kam ein- oder zweimal am Tag und blickte durch eine Glasscheibe in der Tür zu mir herein. Er betrat den Raum nie wieder und sprach auch nicht mehr mit mir. Er schaute mich nur an. Offenbar wollte er sich davon überzeugen, daß ich noch am Leben war. Das war vor der Typhusepidemie, die kurze Zeit später ausbrechen sollte. Gegen Typhus gab es kein eigentliches Mittel. Entweder man überstand die Krankheit oder man starb daran. Sie wird durch Läuse übertragen, und vom Hunger geschwächte Menschen sind besonders anfällig dafür. Ein Konzentrationslager bot einer Typhusepidemie ein ideales Milieu. Als sie ausbrach, brachten die Deutschen alle, die von der Krankheit befallen waren, in einen isolierten Raum und hielten sich fern.

Ein paar Wochen vergingen. Mein Bein begann sich endlich etwas zu bessern, war aber noch immer so schwach, daß es mein Gewicht nicht tragen konnte. Inzwischen veränderte sich die Situation im Lager. Ende Januar 1945 wurde der Betrieb der Gaskammer eingestellt. Wenn wir nicht von selbst starben, würden uns die Nazis immerhin nicht mehr in ihrer Todesfabrik verheizen. Natürlich waren wir alle so schwach, hungrig und krank, daß auch ohne den Einsatz von Giftgas viele von uns täglich starben. War auch die Gaskammer inzwischen außer Betrieb, so stieg doch ständig Rauch aus dem Schlot des Krematoriums.

Um meine Mutter und mich herum starben jeden Tag die Menschen scharenweise. Zuerst wurden sie zu »Muselmanen«. Ihre Arme und Beine magerten ab, doch der Unterleib schwoll an, und was mich noch in der Erinnerung am meisten verfolgt, sind ihre glänzenden Augen. Die Ärztinnen, die uns betreuten, waren wie wir jüdische Sklavinnen. Sie taten, was sie konnten. Es gab praktisch keine Medikamente oder Geräte, kein Verbandsmaterial, kein Bettzeug und keine Desinfektionsmittel. Die Ärztinnen wurden von den Deutschen streng überwacht. Von der Materialknappheit abgesehen, durften sie uns auch so keine anständige Behandlung zuteil werden lassen. Gaben sie sich zuviel Mühe, bekamen sie mit der Lagerleitung Schwierigkeiten. Genaugenommen gab es keine wirkliche Betreuung für die Kranken. Ein paar wenige Glückliche blieben am Leben, aber die gewaltige Mehrzahl siechte dahin und starb.

Anfang 1945 begannen die Russen, das Lager sporadisch mit Geschützfeuer zu belegen. Der Kommandant verschwand. Ich werde nie erfahren, welches Schicksal er mir zugedacht hatte. Ich hörte, daß er sich abgesetzt habe, und weiß nicht, ob er festgenommen und nach dem Krieg vor Gericht gestellt wurde. Ich hoffe es. Ich hoffe, daß er für seine Verbrechen hingerichtet wurde. Er hätte hundertfach den Tod am Galgen verdient. Ich hätte selbstverständlich gegen ihn ausgesagt, wenn es mir möglich gewesen wäre. Irgendeine unergründliche Regung veranlaßte ihn trotz seiner Bösartigkeit, meine Mutter und mich zu retten, aber er hatte Zehntausende von Morden auf dem Gewissen, und diese einzige Mitleidstat macht die anderen, entsetzlichen Verbrechen nur noch ungeheuerlicher.

Die ersten Evakuierungen aus dem Lager Stutthof fanden Ende Januar 1945 statt. In den letzten Kriegsmonaten begann das KZ-Imperium der Nazis auseinanderzubrechen. Offensichtlich wollten sie die Beweise vernichten. In langen Kolonnen trieben sie die Häftlinge davon, die gehfähig waren – an die 25 000 Menschen. Das waren die berüchtigten Todesmärsche. Unterwegs zu anderen Konzentrationslagern in Deutschland, wohin die Nazis sie brachten, wurden zahlreiche Gefangene, die nicht mitkamen, erschossen, während andere an Erschöpfung und Hunger starben oder wegen der strengen Kälte und des eisigen Winds umkamen. Von jenen, die diese Märsche überlebten, wurden viele umgebracht, nachdem sie ihren Bestimmungsort erreicht hatten.

Ungefähr 10 000 Lagerinsassen, unter ihnen meine Mutter und ich, die zu krank oder zu schwach für den Marsch waren, wurden in Stutthof zurückgelassen. Damals erkrankte meine Mutter an Typhus. Sie brachten sie in einen anderen Teil der Krankenbaracke, in einen Raum mit dreißig weiteren Frauen, die ebenfalls Typhus hatten. Die Kranken waren zwar abgesondert, standen aber nicht wirklich unter Quarantäne. Von den Deutschen kümmerte sich niemand darum, ob wir hineingingen, uns ansteckten und die Ansteckung an alle anderen Juden weitergaben.

Die Krankenbaracke hatte einen langen Korridor mit großen Räumen zu beiden Seiten. Auch auf dem Korridor lagen kranke Frauen. Hier waren in einem ständigen Wechsel an die hundert Patientinnen untergebracht. Als meine Mutter in die Typhusabteilung verlegt wurde, wies man mir einen Platz im Korridor zu, wo sechs Pritschen, je drei an jeder Seite, standen, und auf jeder Pritsche lagen zwei Frauen. Zum erstenmal seit unserem Abtransport aus dem Getto von Kowno mußte ich meine Liegestatt mit einer fremden Frau teilen.

Die Epidemie forderte eine gewaltige Zahl von Opfern.

Das Lager geriet in einen Zustand der Auflösung. Da das Krematorium die vielen Leichen nicht mehr bewältigen konnte, errichtete man einen riesigen Scheiterhaufen, um zu beseitigen, was das Fassungsvermögen der Öfen überstieg. Schwerer Rauch und der Geruch brennender Leichen erfüllten Tag und Nacht die Luft. Und zugleich nahmen die Russen von Zeit zu Zeit das Lager unter Beschuß, aber sie erschienen nicht.

Ich verbrachte die Tage auf der Pritsche in der alten Krankenbaracke. Die Inspektionen und Selektionen waren eingestellt worden, und die Deutschen ließen uns mehr oder weniger in Frieden. Angesichts des herrschenden Durcheinanders konnte ich zur Typhusabteilung humpeln, um festzustellen, wie es meiner Mutter ging. Es tat immer noch schrecklich weh, wenn ich das operierte Bein bewegte, aber meine Mutter fehlte mir zu sehr, als daß ich diese Tortur nicht auf mich genommen hätte. In der Regel machte ich diese Besuche später am Tag, nachdem wir unsere Suppe bekommen hatten, denn keine Patientin rührte sich von der Stelle, bevor die Suppe ausgeteilt wurde. Wir warteten auf den Pritschen jeden Tag auf unseren Teller dünner Brühe, als wäre sie ein Geschenk des Himmels. Versäumte man sie, hatte man keine weitere Möglichkeit, seine Ration zu bekommen, und etwas anderes zu essen gab es nicht.

Eines Morgens fuhr ich aus dem Schlaf hoch, als wäre mir ein Nagel in den Oberschenkel gebohrt worden, und ich war sofort hellwach. Ich war von banger Sorge um meine Mutter erfüllt. In meinem Kopf schrie eine Stimme, vielleicht Gottes Stimme, wie ich manchmal denke: »Geh sofort hinüber in die Typhusabteilung, und sieh nach, wie es ihr geht!«

Ich würde zwar vielleicht die Suppe versäumen, aber die Stimme war so stark, daß ich ihr gehorchen mußte. Morgens, wenn es kalt war, tat mir das Bein am meisten weh, aber ich durfte mich von dem Schmerz nicht aufhalten lassen. Ich stieg von der Pritsche und humpelte, so rasch ich konnte, zur Typhusabteilung. Ich hatte Angst, meine Mutter könnte gestorben sein. Ich eilte zu ihrer Pritsche. Sie bemerkte, daß ich da war, und ich fragte sie: »Hast du heute nacht gut geschlafen?«

Sehr matt antwortete sie: »Ja, Gott sei Dank.« Was für eine Erleichterung! Sie hatte keine Fieberphantasien mehr. Vielleicht kam sie durch.

Genau in diesem Augenblick schlug eine russische Granate in die Krankenbaracke ein. Die Detonation warf mich zu Boden. Als ich mich wieder hochgerappelt hatte, sah ich unter der Pritsche meiner Mutter Blut. Wir tasteten uns beide ab, um festzustellen, ob wir verletzt waren. Nein, uns fehlte nichts. Dann sahen wir, daß Granatsplitter die Wand durchschlagen und einige der Frauen auf den Pritschen am Ende des Raums getötet hatten. Andere schrien vor Schmerz und Angst. Vom Korridor, wo ich gerade noch gelegen war, drang Qualm herein. Ich humpelte zu meiner Pritsche zurück, die aber verschwunden war. Die Granate war just dort eingeschlagen, und meine Freundinnen waren tot. Alle Frauen auf dem Gang waren von den Splittern zerfetzt worden.

Wir konnten es fast nicht glauben, aber meine Mutter genas vom Typhus. Ich verstehe bis heute nicht, wie das möglich war. Aber als sie dann fieberfrei war, wäre sie beinahe verhungert. Es gab keine Zusatzverpflegung für Genesende im Lager, und bekanntlich entwickeln Leute, die diese Krankheit hinter sich haben, einen enormen Appetit. Man bekommt einen solchen Heißhunger, daß man beinahe verrückt davon wird. Man möchte alles essen: Schmutz, Erde, Gras, Pflanzen, Unkraut... alles, was man in den Mund stecken kann. So nötig die Typhuskranken es auch gehabt hätten, niemand versuchte, ihnen mehr zu beschaffen als die wässrige Suppe, nicht einmal zusätzliches Trinkwasser. Ärztinnen gab es auch keine mehr.

Nachdem Ende Januar die meisten Häftlinge zu ihrem Marsch aus dem Lager getrieben worden waren, setzten sich auch die hohen Tiere unter den Deutschen ab, und wir blieben mit einer viel geringeren Anzahl von Aufsehern zurück. Natürlich gab es keine Möglichkeit zu fliehen oder zu rebellieren. Wir waren alle zu krank und zu schwach, um mehr als ein paar Schritte gehen zu können; wären wir in besserer Verfassung gewesen, hätte man uns mit den übrigen Häftlingen fortgeschickt. Die Kapos benahmen sich nicht mehr ganz so unmenschlich wie vorher: Quälereien und willkürliches Morden kamen seltener vor. Wir wußten, daß die Rote Armee im Anmarsch war. Wir spürten, daß sich irgend etwas Folgenschweres anbahnte, aber niemand unternahm etwas zu unserer Rettung. Wir fragten: Wo ist die Welt geblieben? Wie können Menschen zulassen, daß diese Verbrechen begangen werden?

Während die Russen näherkamen, schien das Lager im Begriff, sich aufzulösen. Wir bekamen noch immer täglich ein bißchen Nahrung, wußten aber nie, wann. Schließlich, gegen Ende April, begannen sie das Konzentrationslager Stutthof endgültig zu evakuieren. So geschwächt wir auch waren, zwangen sie uns trotzdem, uns zu Fuß an der Küste entlangzuschleppen. Wir bekamen keinen Bissen zu essen. Der Marsch dauerte sechs Stunden. Wir waren von Panik und Auflösung umgeben. Die Wachen brüllten immerfort: »Schnell! Schnell!« Mein krankes Bein wurde auf diesem Marsch schrecklich mitgenommen. Es konnte kaum mein Gewicht tragen, aber ich mußte allein gehen. Ich biß die Zähne zusammen und mühte mich voran. Mutter war vom Typhus zu geschwächt, um mir helfen zu können. Ja, ich hatte große Angst, daß sie jede Minute sterben könnte. Die Erlösung war sicher nahe, aber vielleicht würden wir doch noch vorher umkommen.

Sie trieben uns die Ostseeküste entlang. Vom Wasser

her blies ein eiskalter Wind, der uns bis auf die Knochen erstarren ließ. Schließlich erreichten wir die drei großen Viehtransporter, die man für uns bereitgestellt hatte. Nach längerem Warten und einem großen Durcheinander trieben uns die Wachen auf die Boote. Sie waren ziemlich groß, mit umfangreichen, tiefen Laderäumen und hatten keine Reling um das schmale Deck. Eine Metallleiter führte in den Laderaum hinab. Sie zwangen uns, ungefähr hundert Frauen, diese Leiter hinabzusteigen und uns auf verschmutztes Stroh zu legen.

Die Viehboote legten ab, und wir hatten natürlich keine Ahnung, wohin es ging. Der Lärm der Maschinen und die Geräusche der Wellen, die gegen die Bordwände schlugen, das war alles, was wir hörten. Wenn es regnete, ergoß sich der Regen auf uns und durchnäßte das Stroh. Bei rauhem Seegang schlingerten die Boote so heftig, daß wir überzeugt waren, sie würden kentern. Viele der Frauen wurden seekrank, und wir waren alle wie erstarrt.

Wir lagen auf dem feuchten, schmutzigen Stroh und blickten unablässig, Tag und Nacht, zu dem Lukendeckel hinauf. Wir beteten nur darum, daß der Krieg zu Ende gehen möge, solange wir noch am Leben waren.

Doch das Sterben um uns hörte nicht auf. Wir bekamen nichts zu essen, nicht einmal Wasser gab man uns. Wir mußten die schmutzige Flüssigkeit, Regen mit Meerwasser vermischt, auflecken, die sich auf dem Boden des Laderaums unter dem Stroh ansammelte. Wir kauten wie Tiere an den Strohhalmen, nur um dem Magen die Illusion von Nahrungsaufnahme zu geben. In Abständen beugten sich Angehörige der deutschen Besatzung über den geöffneten Lukendeckel und verhöhnten uns: »Ihr Säue! Verreckt doch wie Schweine!«

Neben der deutschen Besatzung waren auch polnische und litauische Häftlinge an Bord, unten bei uns im Laderaum, die Kriminellen, die in Stutthof die manuellen Arbeiten verrichtet hatten. Wir nannten sie insgeheim

»Höhlenmenschen«. Sie waren von einer barbarischen Brutalität, und die Angst vor ihnen lähmte uns geradezu. Ihre Hauptaufgabe bestand darin, die Leichen der gestorbenen Frauen ins Meer zu werfen.

Ich habe mich oft gefragt, warum uns die Deutschen nicht gleich alle über Bord warfen; sie hatten ja ohnehin vor, uns umzubringen. Auch in diesem Fall lag, so glaube ich, der Grund darin, daß sie uns bis zum letzten Augenblick möglichst viel Leiden zufügen wollten. Es kam allerdings auch vor, daß sie gar nicht warteten, bis der Tod eingetreten war. Sie warfen einige der älteren Frauen und diejenigen, die schwer seekrank wurden, einfach ins Meer, um sie los zu sein. Da ich Angst hatte, sie würden meine Mutter bemerken und sie ebenfalls über Bord werfen, legte ich mich auf sie und versteckte so ihren Körper im Stroh unter mir. Das hielt uns außerdem auch warm.

Die Mitglieder der deutschen Besatzung hatten selbst keinen frischen Proviant, aber Brot in Dosen. Hin und wieder schenkte uns einer, einer Laune folgend, ein bißchen davon. Einmal warf ein Besatzungsmitglied eine kleine Dose Brot, nur 150 Gramm, für mich in den Laderaum. Die anderen Frauen sahen sie und stürzten zu mir her, um mir die Dose zu entreißen, aber der Mann rief herunter: »Sie ist für das Mädchen bestimmt.« Ich hielt die Dose mit aller Kraft fest und brachte es auch fertig, sie zu behalten, hatte aber nichts, womit ich sie öffnen konnte. Ich tastete unter dem Stroh herum, bis ich einen Nagel fand, mit dem ich sie zu öffnen versuchte. Ich war so hungrig, daß es mir gleichgültig war, ob ich mir die Hände an der Blechkante verletzte, solange ich nur an ein bißchen Brot für meine Mutter und mich herankam.

Ich versuchte, die Dose zu verbergen, während ich mich abmühte, sie zu öffnen, aber die anderen Frauen ließen mich nicht aus den Augen. Als ich sie offen hatte, stürzten sie sich auf mich und brachten mich beinahe um bei dem Versuch, mir das Brot wegzunehmen. Es gelang mir, für mich und meine Mutter ein Stück herauszuholen, dann rissen mir die anderen Frauen die Dose aus den Händen. Der Hunger hatte uns zu wilden Tieren gemacht: Wir hätten einander für einen Bissen Essen umgebracht.

Die Zeit verging, und es wurde immer schlimmer. Ich weiß nicht, wohin die Fahrt eigentlich gehen sollte. Anfang Mai befand sich die Ostseeküste schon weitgehend in der Hand der Alliierten (wovon wir Frauen unten im Laderaum natürlich nichts ahnen konnten). Wir hörten das Dröhnen britischer Bomber in der Luft, nun offenbar unbehelligt von den Jägern der deutschen Luftwaffe. Das war ein deutliches Zeichen dafür, daß das Kriegsende in Sicht war.

Die Fahrt zog sich zehn Tage lang hin. Dann, am 4. Mai, der Krieg war beinahe zu Ende, explodierte eine britische Bombe in der Nähe unseres Schiffes und beschädigte es. Zum Glück war es kein Volltreffer, aber irgendwo an Bord brach Feuer aus. Das Schiff war leckgeschlagen und begann, mit dem Heck voran zu sinken. Wir wurden alle von Panik erfaßt, aber kaum eine von uns hatte die Kraft, in irgendeiner Weise zu handeln.

Ich reagierte als erste, instinktiv, wie ein Pferd in einer brennenden Scheune. Ich sprang auf die Füße und riß meine Mutter mit mir hoch. Dann stürzte ich zu der eisernen Leiter hin, die ich als erste erreichte. Meine Mutter folgte dicht hinter mir. Die Sprossen fühlten sich heiß unter meinen Händen an. Ich kletterte rasch zu dem schmalen Deck hinauf und drehte mich um, um meine Mutter nach oben zu ziehen. Die anderen Gefangenen, unter ihnen auch die polnischen und litauischen Kriminellen, waren inzwischen ebenfalls auf den Beinen und umdrängten die Leiter. Von hysterischer Angst erfaßt, packten sie die Füße meiner Mutter, während ich an ihren Armen zog. Zum Glück trug sie Holzpantinen, sogenannte »Klumpes«, die ihr die anderen Gefangenen von den Füßen rissen. Ich zog meine Mutter hinauf, und als sie oben angekommen war, rannten wir auf die höchste Stelle an Deck zu, gleich neben dem Rand.

Zum erstenmal hatte ich die Möglichkeit, aufs Meer hinauszusehen. Es dauerte einige Zeit, bis sich meine Augen an das grelle Licht und den weiten Horizont gewöhnt hatten. Es war ein frischer, klarer Tag. Weiter weg waren ein paar andere Schiffe voller Häftlinge zu sehen. Einige von ihnen waren anscheinend gleichfalls von Geschossen getroffen worden. Auch britische Schiffe sah ich, die sich uns näherten. Die deutschen Fahrzeuge hatten weiße Flaggen aufgezogen, als Zeichen der Kapitulation. Das waren die Flaggen des Friedens. Ich umarmte meine Mutter. Der Krieg war zu Ende, und wir waren noch am Leben.

Doch zunächst einmal war unser brennendes Schiff am Sinken. Mehr und mehr der überlebenden Häftlinge aus Stutthof kamen über die heiß gewordene Leiter aus dem Laderaum nach oben. Sie drängten sich jetzt auf dem schmalen Deck und mühten sich, die höhere Seite zu erreichen, da das Fahrzeug Schlagseite hatte. Was für einen jämmerlichen Anblick wir boten: Frauen in Lumpen, deren ausgemergelte Körper nahezu nichts mehr wogen.

Aus irgendeinem Grund führte der deutsche Koch das Kommando. Auf dem Boot waren erstaunlicherweise nur noch wenige Deutsche. Ich weiß nicht, was aus ihnen allen geworden ist. Der Koch stand, nicht weit von mir, am Rand des Decks und versuchte, Ordnung herzustellen. Er hatte sich in eine Decke gehüllt, über die sich rasch ein dunkelroter Fleck ausbreitete. Dieser Fleck verwunderte mich, bis ich erkannte, daß der Koch verwundet war. Zu seinen Füßen fielen Blutstropfen aufs Deck.

Er schaute verzweifelt um sich und überlegte offenbar fieberhaft, wie das sinkende Schiff zu retten sei. Plötzlich schrie er: »Das Schiff ist zu schwer. Ins Wasser mit den

Juden!« Einen Augenblick lang rührte sich niemand. Ich schaute mich um und sah alle möglichen schweren Gegenstände, die man über Bord werfen könnte: große Munitionskisten, Maschinenteile, sogar ein Fahrrad. Warum die Juden?

Hysterisch brüllte er noch einmal: »Ins Wasser mit den Juden!« Die polnischen und litauischen Häftlinge setzten sich in Bewegung, um seinen Befehl auszuführen. Sie fingen an, uns an den Rand des Decks zu drängen. Das war ungeheuerlich. Es mußte ein Irrtum sein. Die britischen Kriegsschiffe waren in Sichtweite, die Deutschen hatten weiße Flaggen gehißt, und trotzdem wollten sie uns in das eisige Wasser werfen! Hatten wir alles überstanden, nur um so zu enden? Alle dreißig übriggebliebenen Frauen wogen zusammen vermutlich nicht so viel, daß es das Sinken des Fahrzeugs in irgendeiner Weise beeinflußt hätte.

Alles spielte sich sehr langsam ab. Ein britisches Kriegsschiff manövrierte sich heran, aber das hielt die Polen und Litauer nicht davon ab, uns an den Decksrand zu drängen. Da es keine Reling gab, würden wir eine um die andere ins Meer stürzen, wenn niemand sie aufhielt. Die Frauen stemmten sich dagegen, so gut sie konnten, aber sie waren so leicht und so schwach, daß sie nichts auszurichten vermochten. Ich war dem Wasser am nächsten, weil ich als erste aus dem Laderaum gekommen war. Jetzt stand ich dicht am Rand und stemmte mich gegen die Frau hinter mir, um nicht hinabzustürzen. Ich blickte nach unten und sah das klare, eisig kalte Wasser. Es wäre mein Tod, wenn ich hinunterfiele. Der Wind blies mir ins Gesicht. Das britische Kriegsschiff dampfte auf uns zu, aber, wie es schien, so langsam, daß es uns nie erreichen würde.

Woher wuchs mir in diesem Augenblick die Kraft, die Inspiration zu? Ich erinnerte mich, wie mein Vater von Märtyrern erzählt hatte, die mit den Worten »Schema Israel...« (»Höre, Israel...«) auf den Lippen gestorben waren. Ich war nicht bereit zu sterben, ohne Gott noch einmal anzurufen. Er hatte schreckliche Tragödien zugelassen. Jahrelang war Er anscheinend fern gewesen. Doch vielleicht würde Er mich in diesem Augenblick vor dem nahen Ende doch hören. Ich hob in einer dramatischen Geste die Hände und schrie, so laut ich konnte: »Höre, Israel!« Aber ich meinte: »Höre mich, Herr!« Ich war nur ein kleines Mädchen, bestand nur noch aus Haut und Knochen. Woher nahm ich die Kraft zum Schreien?

Ich brauchte all diese Kraft, um zu verhindern, daß ich ins Wasser gestoßen wurde. Ich stemmte mich gegen den Druck von hinten, aber es war hoffnungslos. Ich spürte, wie ich über den Decksrand gedrängt wurde. Ich leistete Widerstand, soweit ich es mit meinem schwachen Bein konnte. Im nächsten Augenblick würde ich über den Rand gestoßen werden und in die See stürzen. Sie wartete schon auf mich. Ich spürte bereits die kalte Gischt auf meinem Gesicht. Meine Arme waren noch immer erhoben, und ich lehnte mich gegen die Frau hinter mir. Zugleich hielt ich die letzte Silbe des Gebets, so lange wie ich konnte, und dachte dabei an die Geschichte, die mein Vater mir von Rabbi Akiba erzählt hatte, der von den Römern zu Tode gemartert worden war, und genau auf diese Weise das »Schema Israel« gerufen hatte, als seine Seele den Leib verließ.

»Was soll das?« Plötzlich gebot der deutsche Koch, der Befehle erteilte, allem Einhalt. »Was rufst du da?«

»Ich bete zu meinem Gott!« antwortete ich stolz.

»Hör auf mit deinem Gott. Gleich bist du unten im kalten Wasser, den Fischen zum Fraß!«

»Nein, sie werden mich nicht fressen!« schrie ich ihm trotzig auf deutsch zu. »Gott hat mich bis jetzt beschützt, und Er wird mich nicht im letzten Augenblick sterben lassen. Ihr Deutschen kommt ins eiskalte Wasser, nicht wir Juden.« Ich deutete nach unten. »Ihr habt den Krieg verloren, ist euch das nicht klar? Jetzt kommen die Engländer und packen euch am Kragen!« Ich deutete auf das britische Kriegsschiff, das auf uns zukam und inzwischen so nahe war, daß ich die Matrosen auf dem Deck sehen konnte.

Irgend etwas veranlaßte ihn nachzugeben. Er rief: »Die Juden bleiben hier!« Er befahl den polnischen und litauischen Häftlingen, uns nicht mehr an den Rand zu drängen, und so wurde keine der dreißig überlebenden Frauen ins Wasser gestoßen. Mein Gebet und meine Zuversicht hatten bewirkt, daß er sich eines Besseren besann.

Vielleicht war es auch seine eigene seelische Verfassung. Er spürte wohl, daß er tödlich verwundet war. Aber was auch immer der Grund gewesen sein mag, er beschloß zu warten, bis die Engländer kamen. Wir zogen uns vom Decksrand zurück. Noch einmal blickte ich auf die Wellen hinunter. Sie waren so rein und so schön, und doch bargen sie den Tod. Ich konnte noch immer kaum fassen, daß ich nicht ins Meer hinabgestoßen werden würde.

Der Koch stand nahe neben mir am Rand des Decks. »Mädchen«, sagte er zu mir. Ich sah ihm in die Augen.

»Du hast mir imponiert«, fuhr er fort. Er nahm die blutbefleckte Decke ab und reichte sie mir. »Wärm dich damit«, sagte er.

Bis zu diesem Augenblick hatte ich nicht gemerkt, wie sehr ich fror. Meine Mutter und ich drückten uns unter der blutigen Decke aneinander, und der Koch verlor, vom Blutverlust geschwächt, das Bewußtsein.

6. Kapitel *Befreiung*

Eine grotesk wirkende Schar Menschen stand an diesem Nachmittag Anfang Mai 1945 auf dem geneigten Deck des brennenden, sinkenden Schiffes, fröstelnd in der Kühle des nahenden Abends: acht deutsche Besatzungsmitglieder, einige von ihnen verwundet, vier polnische und litauische Kriminelle und ungefähr dreißig jüdische Frauen, alptraumhaft abgemagert und erschöpft. Das britische Kriegsschiff näherte sich sehr langsam, richtete die Geschütze auf uns, man vermutete vielleicht einen Hinterhalt der Deutschen, deren weiße Flaggen sich als Finte erweisen könnten.

Schließlich ging das britische Schiff längsseits, hochaufragend neben unserem Boot. Über einen Lautsprecher wurden wir auf deutsch, mit starkem englischen Akzent, angewiesen, die Hände zu heben. Ein Matrose warf ein Tau herunter, und der Dolmetscher befahl einem der deutschen Seeleute, es festzumachen. Bald darauf ließen sie ein Seefallreep herunter, und wir mußten hinaufklettern. Das war schwierig für uns. Der Abstand zwischen den beiden Schiffen war beträchtlich, aber das Wissen, daß die Deutschen endlich doch den Krieg verloren hatten, gab uns die nötige Energie. Außerdem, wer würde uns helfen, wenn wir es nicht schafften?

Alles geschah in großer Ruhe. Die englischen Matrosen arbeiteten rasch und präzise. Sie halfen uns, aber auf ihren Gesichtern lag kein Lächeln. Vielleicht ist es schwer, Menschen anzulächeln, die in einer solchen Verfassung sind, wie wir es waren.

Auf dem englischen Schiff wurden die Juden nicht von

den Deutschen getrennt. Plötzlich hatten wir Tuchfühlung mit unseren Feinden und ehemaligen Peinigern und warteten gemeinsam auf heißen englischen Tee mit Zukker und Milch. So schwach und erschöpft wir auch waren, begannen wir Frauen doch miteinander zu raufen, um als erste dranzukommen. Die Behandlung, die uns widerfahren war, hatte uns so entmenschlicht, daß wir uns nicht mehr wie zivilisierte Menschen benehmen konnten.

Die britischen Matrosen brachten den deutschen Koch an Bord, der aber schon bald starb, weil er zuviel Blut verloren hatte. Er wurde ohne weitere Umstände den Wellen übergeben. So endeten entgegen seiner Prophezeiung nicht die paar überlebenden jüdischen Frauen im kalten Wasser, sondern er selbst. Ich hatte ihm seine Decke nicht zurückgegeben und besitze sie noch heute, ein Symbol dafür, daß immerhin *ein* Gebet erhört worden ist.

Die britischen Seeleute hatten Mitleid mit uns und wollten uns mit Essen vollstopfen, doch der Schiffsarzt hielt sie davon ab. Er erteilte Weisung, uns Suppe und Brot in kleinen Portionen zu geben, um uns vor unserem Heißhunger und vor den wohlmeinenden Absichten der Besatzung zu bewahren. Es war so lange her, daß wir anständiges Essen in halbwegs normalen Mengen zu uns genommen hatten, und wenn wir es jetzt in uns hineingeschlungen hätten, hätte uns das den Tod bringen können.

Es war Nacht geworden, als sie uns in Kiel an Land setzten und in den Schlafsaal einer Schule brachten. Die Jüngsten von uns waren nicht im Zaum zu halten. Wir fieberten vor Tatendrang. Einige von uns gingen sofort nach unten, brachen die Küchentür auf und begannen alles, was sie in die Hände bekamen, gierig zu verschlingen. Ich weiß noch, daß ich in einem Vorratsschrank Backpulver entdeckte und drauf und dran war, es löffelweise in mich hineinzustopfen. Zum Glück widerstand ich dieser Versuchung.

Bei vielen von uns, meine Mutter eingeschlossen, führte die plötzlich so üppig vorhandene Nahrung zu schweren Verdauungsstörungen und Durchfall. Der Hunger hatte uns nicht umgebracht, aber paradoxerweise hätte Essen in zu großen Mengen tödlich sein können. Wenn ich heute daran zurückdenke, wird mir klar, daß die Engländer in diesen ersten Maiwochen 1945 keinerlei klare Vorstellung hatten, wie sie uns behandeln sollten. Sie schickten uns in ein Krankenhaus, dessen deutsches Personal sich uns gegenüber übel benahm. Die Leute haßten uns noch immer und versuchten, uns zu demütigen, als wären wir Häftlinge, die irgendwelche Verbrechen begangen hatten. Aber wir waren ihnen nicht mehr auf Gnade oder Ungnade ausgeliefert. Wir konnten zurückschreien, wenn wir angeschrien wurden, und das taten wir auch: ein Zeichen dafür, daß das Faktum unserer Befreiung allmählich in unser Bewußtsein drang.

Jetzt, da die Kämpfe endgültig vorbei waren, hatten die Engländer Zeit, sich um uns zu kümmern. Als ihnen klarer wurde, wer wir waren und was wir durchgemacht hatten, behandelten sie uns auch besser.

Seit wir im Getto von Kowno eingesperrt gewesen waren, hatte ich von heißer Schokolade geträumt – jahrelang. Nun, nach unserer Befreiung, wurde mir Kakao angeboten, aber ich konnte ihn nicht trinken. Mein Verdauungssystem war zu empfindlich, wie das eines Säuglings. Alle von uns waren wie versessen auf Brot. Wir konnten nicht genug davon bekommen. Wir stopften uns damit voll, erst die Münder und dann die Taschen, damit wir immer welches bei uns hatten. Selbst heute noch ist in Zeiten, die Belastungen mit sich bringen, mein erster Gedanke: Sorge dafür, daß genug Brot da ist.

Als wir von dem sinkenden deutschen Schiff über die Strickleiter auf das Deck des britischen Kriegsschiffes geklettert waren, hatten wir die Grenze zwischen zwei Welten überschritten: Vorher Sklaven oder weniger als

Sklaven, gewannen wir nun den Status menschlicher Wesen wieder, denen Fürsorge und ärztliche Betreuung zuteil wurden. Wir hatten plötzlich die fundamentalsten Menschenrechte zurückerhalten, die uns 1941 ebenso plötzlich von den Nazis genommen worden waren. Wir waren ausgeliefert gewesen, Freiwild für jeden »Arier«, der es sich einfallen ließ, uns zu peinigen, uns auszubeuten, zu erniedrigen oder zu töten. Von einem Augenblick auf den anderen besaßen wir wieder den Status von Menschen. Aber es dauerte Monate, ja, Jahre, bis wir diese Rückkehr in die Welt der menschlichen Gemeinschaft verarbeitet hatten.

Der Abschnitt meines Lebens zwischen dem Beginn des Holocaust und meiner Befreiung im Jahr 1945 erscheint mir wie herausgelöst aus dem normalen Gang der Zeit. Ich war ein blutjunges Mädchen gewesen, als die Nazis im Sommer 1941 die Juden von Kowno ins Getto sperrten, und mir war, als wäre ich in diesem Alter stehengeblieben bis 1945, als ich die Freiheit wiedererlangte. Ich sehe mich während der ganzen Zeit, die ich im Getto, im Arbeits- und im Konzentrationslager durchmachte, als das kleine Mädchen, das 1941 mit seinen Angehörigen über die schmale Brücke ins Getto gegangen war. In diesen vier Jahren unsäglicher Entbehrungen war ich körperlich kaum gewachsen. Nach der Befreiung begann ich plötzlich wieder zu wachsen. Ich wurde wieder in die reale Zeit versetzt.

Auch mein Gefühlsleben war durch die permanente Angst, das Leid und den verzweifelten Überlebenskampf verkümmert und erstarrt. Ich hatte mich zwar während der Verfolgungszeit dazu überwunden, die deutschen Soldaten anzulächeln, um ihnen damit ein Stück Brot abzubetteln, aber ich hatte jahrelang nicht spontan, aus einem einfachen Glücksgefühl, gelächelt. Und ich war ja noch ein Kind. Vielleicht die einzige normale Empfindung, die mir geblieben war, war die Liebe zu meiner Mutter.

Viele Menschen hatten infolge der Grausamkeiten der Nazis ihre wahre Persönlichkeit verloren. Man hatte uns unser Menschsein genommen. Es ist nur natürlich, daß man sich nach dem, was wir durchgemacht hatten, nicht normal verhielt.

Es wäre abnormal gewesen, nach dem Holocaust normal zu sein. Ja, es ist ein Wunder, daß Menschen, die ihn überlebt hatten, überhaupt imstande waren, ein normales Leben wiederaufzunehmen, zu heiraten, Kinder großzuziehen und einen Platz innerhalb der Gesellschaft einzunehmen. Ich hätte eigentlich wie versteinert sein müssen. So wie damals, als ich vor dem Schlund des Ofens gestanden war: wie eine Statue. Die Sinne waren mir geschwunden. Ich hatte in diesem Augenblick nicht mehr gelebt. So hätte ich eigentlich bleiben sollen, glaube ich. Es ist die einzig mögliche Antwort auf das, was ich durchgemacht habe.

Unmittelbar nach der Befreiung lebten wir in einer Welt ohne Gesetze. Wir konnten uns nicht in ein normales Leben einfügen. Und wir waren ständig von diesem verzweifelten Verlangen nach Brot besessen. Unsere Körper nahmen ein sonderbares Aussehen an. An manchen Stellen schwollen sie an, an anderen blieben sie ausgemergelt. Es kam immer wieder vor, daß Leute auf der Straße auf uns zeigten, weil sie uns als ehemalige KZ-Häftlinge erkannten, aber wir setzten uns zur Wehr und beschimpften die Deutschen.

Wir mußten ganz von vorne anfangen, da uns nichts geblieben war, womit wir hätten weitermachen können. Bei unserer ersten ärztlichen Untersuchung wurde festgestellt, daß wir beide, meine Mutter und ich, Tuberkulose hatten. Wir wurden auf einen Monat zur Behandlung in ein Krankenhaus geschickt. Meine Mutter war ohnehin schwerkrank. Bei ihr hatte sich bereits nach den ersten richtigen Mahlzeiten eine Diarrhöe entwickelt, die nicht mehr aufhören wollte. Ihr Körper verlor Wasser, sie nahm nicht zu und war offenbar nicht imstande, wieder zu Kräften zu kommen. Ich sah sie vor meinen Augen dahinschwinden und konnte den Anblick nicht ertragen. Hatten wir einander dafür gerettet? Das durfte nicht sein!

Ich verließ das Krankenhaus und ging in eine öffentliche Anlage. Ich erinnere mich noch an den milden, sonnigen Junitag. Schluchzend ging ich zwischen den Blumenbeeten und Bäumen umher. Ich war befreit, aber die Freiheit bedeutete mir nichts, wenn meine Mutter nicht am Leben blieb und sie mit mir teilen konnte. Bei den traurigen, im Flüsterton geführten Unterhaltungen auf unserer Pritsche in Stutthof hatten wir uns ausgemalt, wie wir, frei von Angst, zusammen einen Spaziergang im Wald machen würden, endlich imstande, uns von der inneren Anspannung zu befreien, die frische Luft, das Spiel von Licht und Schatten im Laub zu genießen. Das war eines der ersten Dinge, die wir uns für die Zeit nach dem Ende der Verfolgung vorgenommen hatten. Jetzt ging ich durch einen herrlichen Park, aber meine Mutter war zu krank, um das Bett verlassen und sich an den Schönheiten der Natur gemeinsam mit mir freuen zu können.

Schließlich kam ich an eine Stelle, wo ich allein war, und betete laut zu Gott: »Gib mir meine Mutter wieder!« Wie konnte ich es wagen, um eine besondere Gunst zu bitten – nach alledem, was so vielen anderen Juden zugestoßen war? Was brachte mich auf die Idee, daß Gott mich anhören werde? Ich weiß es nicht, aber irgend etwas in mir, wohl die Angst, ich könnte ganz allein auf der Welt dastehen, veranlaßte diesen Aufschrei, und wie durch ein Wunder ging es von diesem Tag ab mit meiner Mutter aufwärts. Schon bald konnte sie die Nahrung normal verdauen und den langen Weg zur vollen Genesung beginnen.

Wir blieben ein paar Monate in Kiel und erhielten in dieser Zeit ärztliche Behandlung, die wir unmittelbar nach der Befreiung dringend brauchten. Man gab uns ein paar normale Kleidungsstücke, doch an Kleidern lag uns überhaupt nichts. Daß wir frei waren, daß wir uns nach Belieben bewegen konnten, allein das war für uns wichtig.

Wir waren ganz auf uns gestellt, ohne den Beistand von Sozialarbeitern oder Psychologen. Die Hauptsorge, die uns alle beschäftigte, war die Suche nach Verwandten und Freunden, der Versuch herauszufinden, wer überlebt hatte. Unsere Unterhaltungen waren eine Version dessen, was man heute »die jüdische Geographie« nennt: »Woher sind Sie? Was haben Sie während des Krieges getan? Haben Sie diese Person gekannt? Wann haben Sie jenen Menschen zum letztenmal gesehen? Kennen Sie Leute, die mit ihm zusammen waren?« Nur zu oft mußten wir die traurige Antwort geben oder hören: »Ja, wir haben ihn gekannt.« Er ist dort gestorben. Oder: er wurde da erschossen. Oder: er wurde an jenem Ort vergast. Die verzweifelten Hoffnungen, die die Menschen während der Verfolgung aufrechterhalten hatten, erloschen nach der Befreiung eine nach der andern.

Wir hatten keine konkreten Pläne für die Zukunft. Es stand für uns fest, daß wir Deutschland verlassen würden. Wir hatten vor, in die Vereinigten Staaten auszuwandern, aber in dieser Sache noch nichts unternommen. Wir hatten noch keine Ansprüche. Eine Zeitlang war es am einfachsten, nur in den Tag hineinzuleben.

Meine Mutter und ich hofften noch immer, daß es ihrem Bruder Jakob und ihren Eltern gelungen war, in ihrem Bunker unter dem brennenden Getto von Kowno auszuharren, bis es von den Russen befreit wurde, und wir hatten keine Ahnung, was aus meinem Bruder Manfred geworden war. Einer der ersten Schritte der jüdischen Hilfsorganisationen bestand darin, die Namen von Überlebenden zu sammeln und Listen zu veröffentlichen. Verzweifelt gingen die Leute sie durch. Das waren bewegende Augenblicke. Einerseits war man versucht, den Menschen zuzusehen, wie sie die Listen studierten, um ihre Hoffnung teilen zu können. Doch zugleich mußte man wegblicken, aus Respekt vor ihrer Privatsphäre und auch deswegen, weil man wußte, wie gering die Chancen waren, daß sie die gesuchten Namen finden würden. Kam man selbst an die Reihe, wollte man allein sein. Unsere angespannten Züge spiegelten Hoffnung und zugleich Angst wider. Wenn wir einen Namen entdeckten, jubelten wir, aber wenn wir einen nicht fanden, überfiel uns eine tiefe Niedergeschlagenheit. Wir waren alle so verwundbar.

Jedesmal, wenn eine neue Liste erschien, suchten meine Mutter und ich sie nach den Namen von Verwandten durch. Es erschien uns wie ein Wunder, als wir einen Mann namens Manfred Simon aufgeführt fanden, der in Frankfurt, unserer Heimatstadt, lebte. Es mußte mein Bruder sein! Wir beschlossen, auf der Stelle nach Frankfurt zu fahren. Wir konnten unser Eintreffen nicht brieflich ankündigen. Wir hatten von Manfred keine genaue Adresse, und außerdem lag Deutschland damals in Trümmern. Auf die Post, die unregelmäßig arbeitete, war kein Verlaß. Niemand konnte sagen, wann ein Brief den Adressaten erreichen würde.

Die Vorfreude meiner Mutter auf das Wiedersehen mit ihrem Sohn war von bangen Sorgen gedämpft: Vielleicht war die Meldung ein Irrtum? Vielleicht war es ein anderer Manfred Simon, oder vielleicht benutzte jemand anderer aus Gründen, die nur ihm selbst bekannt waren, den Namen Manfred Simon? Mutter ließ sich von ihren Hoffnungen nicht fortreißen. Ich selber hatte keine Zweifel. Für mich stand fest, daß es sich um meinen Bruder handelte, und ich konnte es nicht erwarten, ihn wiederzusehen – nach einem Jahr des Getrenntseins, erfüllt von Sorge und Furcht, einer Zeit, in der wir nicht wissen konnten, ob irgendeiner von uns am Leben bleiben würde.

Die Fahrt von Kiel nach Frankfurt ließ unsere Trauer

zurückkehren. Sie weckte bei meiner Mutter Erinnerungen an das, was sie einst, vor langer Zeit, in Frankfurt gewesen war und was sie alles verloren hatte. Wenn nur mein Vater noch dagewesen wäre und die Reise mit uns hätte machen können!

Glücklicherweise war der Manfred Simon, von dem es hieß, er lebe in Frankfurt, tatsächlich mein Bruder, und es war ziemlich leicht, ihn dort ausfindig zu machen, weil Dita, seine Frau, bei der Jewish Agency arbeitete. Das Wiedersehen zwischen meiner Mutter und ihrem einzigen Sohn war ein bewegender Augenblick. Sie umarmte ihn, konnte nicht von ihm lassen, und ich umarmte sie beide.

Nach der ersten überschwenglichen Freude starrten wir drei uns gegenseitig an – als wären wir Gespenster. Wir hatten nie erwartet, einander lebend wiederzusehen. Eine Erinnerung an Manfred als Junge drang mir machtvoll vors geistige Auge. Ich sah ihn, meinen bewunderten großen Bruder, stolz, gut gekleidet und von gepflegtem Äußeren. Was er unter den Nazis durchgemacht hatte, hatte ihn so verändert, daß er beinahe nicht wiederzuerkennen war. Er wirkte viel älter und ernsthafter, als ich ihn mir in meiner Erinnerung vorgestellt hatte.

Wie mag ich auf ihn gewirkt haben? Ich war nicht mehr das magere kleine Mädchen, als das er mich im Getto gekannt hatte. Ich war kein Gerippe mehr. Ich wurde allmählich zu einer jungen Frau. Zumindest körperlich hatte ich mich von den Lagern zu erholen begonnen. Mein Haar war schon ziemlich üppig nachgewachsen, und ich hatte zugenommen; allerdings war mein Körper unförmig, an manchen Stellen dick, an anderen immer noch knochig.

Als wir befreit wurden, waren vier Jahre vergangen, seit ich einen Spiegel besessen hatte. Jedes Mädchen hat seine Freude daran, sich im Spiegel zu betrachten, verschiedene Frisuren auszuprobieren, sich heimlich Makeup, Schmuck und Schuhe ihrer Mutter auszuleihen. All dies war mir versagt geblieben. Im Getto hatte ich mein Spiegelbild nur in Fensterscheiben sehen können, aber wer wollte das schon?

Unmittelbar nach der Befreiung hatte ich mich im Spiegel über dem Waschbecken in der Kieler Schule gesehen und war entsetzt gewesen. Ein Ungeheuer blickte mir entgegen, ein so häßlicher Mensch, daß ich nicht glauben konnte, daß ich das wirklich war. Ich hatte mir nie vorgestellt, daß ich wie die anderen Frauen aussehen könnte, ausgemergelt und halbtot, obwohl es natürlich auch auf mich zutraf. Mein Gesicht war verwüstet, ein Anblick, den ich nicht ertragen konnte. Tagelang vermied ich es, in den Spiegel zu blicken, und dann kam es so weit, daß ich wie besessen das Bild dieser Fremden anstarrte und herauszubekommen versuchte, wie es sein konnte, daß es mein eigenes war.

Nun, nach zwei Monaten anständiger Kost und ausgiebiger Erholung, fand ich mich allmählich wieder hübsch. Sah Manfred vor allem die Spuren meiner schlimmen Erlebnisse, oder sah er die Verheißung der Jugend an mir? Ich wagte nicht, ihm diese Frage zu stellen.

Manfred war zusammen mit den anderen Männern aus dem Getto von Kowno nach Dachau verschleppt worden, und wie er durchkam, ist eine ebenso unglaubliche Geschichte wie die von meiner Mutter und mir, eine Kombination von zäher Entschlossenheit, Zuversicht und unwahrscheinlichem Glück. Nachdem die amerikanische Armee die Insassen des Lagers Dachau befreit hatte, ging Manfred nach Frankfurt, seinem Geburtsort, zurück. Dita hatte wie durch ein Wunder ebenfalls überlebt. Manfred und Dita begannen, einander zu suchen, und nicht lange nach der Befreiung gelangte sie ebenfalls nach Frankfurt. Sie brachen eine Wohnung auf, die einem Nazi gehört hatte, der entweder wirklich vermißt oder aber untergetaucht war, um nicht als Kriegsverbrecher vor Gericht gestellt zu werden, und begründeten eine Art Hausstand. Dies taten nach Kriegsende viele überlebende Juden, wenn sich die Möglichkeit bot. Es war eine Art, Rache zu nehmen, und außerdem brauchten sie ein Dach über dem Kopf. Niemand wagte, ein Wort des Protests dagegen zu äußern. Die Deutschen wußten, was sie uns angetan hatten.

Es muß bei diesem ersten Frankfurter Besuch gewesen sein, als wir Gewißheit erhielten, daß die Nazis vor der Befreiung Kownos durch die Rote Armee alle, die im Getto zurückgeblieben waren, bei lebendigem Leibe verbrannt hatten. Unter den Opfern waren auch die Eltern meiner Mutter und ihr Bruder Jakob, den die Nazis am Leben gelassen hatten, nachdem Benno vor den Augen seiner Mutter erschossen worden war. Die Deutschen gingen von Bunker zu Bunker und töteten mit Handgranaten und Flammenwerfern systematisch den kleinen Rest wehrloser Juden, der sich dort versteckt hielt, unschuldige, unbewaffnete, hilflose Zivilisten. Ebenso erfuhren wir, daß meine Tante Tita und ihr Ehemann in Riga umgebracht worden waren. Damit gab es für uns niemanden mehr in den Listen der Überlebenden zu suchen.

Nachdem die ehemaligen KZ-Insassen ihre überlebenden Verwandten gefunden und in Erfahrung gebracht hatten, wer nicht mehr am Leben war, ging es für sie nun darum, Deutschland zu verlassen. Manfred und Dita planten, sobald wie möglich nach Amerika auszuwandern, und meine Mutter und ich sollten sie begleiten. Mehrere Verwandte von uns waren vor dem Krieg aus Deutschland in die Vereinigten Staaten emigriert. Sobald sie die Möglichkeit dazu hatten, machten sie uns durch das Joint Distribution Commitee ausfindig und stellten Affidavits zur Verfügung, damit wir in die USA einwandern konnten. Sie nahmen an, wir würden schon nach ein paar Monaten abreisen können. Das war eine aufregende Vorstellung. Amerika, ein Land, in dem Träume Wirklichkeit werden, ein Land, das vom Krieg nicht verheert worden war – ich konnte es nicht erwarten, dorthin aufzubrechen!

Nach unserer Wiederbegegnung mit Manfred kehrten Mutter und ich nach Kiel zurück, und als wir kräftig genug waren, schickten uns die Engländer nach Feldafing am Starnberger See, südlich von München. Wir wurden in bescheidenen Wohnungen untergebracht, wo wir auf unsere amerikanischen Einreisevisa warteten. Inzwischen genossen wir die schöne Landschaft und wurden im Krankenhaus von Feldafing weiter ärztlich behandelt. Da mich die Medizin interessierte, begann ich im Labor mitzuhelfen und erhielt so eine informelle Ausbildung als technische Assistentin.

In Feldafing stieß ein weiteres überlebendes Mitglied unserer Familie zu uns, der Cousin meiner Mutter. Nach ungefähr einem Monat beschloß meine Mutter, Manfred einen weiteren Besuch abzustatten. So ließ sie mich mit dem Cousin in Feldafing zurück und setzte sich in den Zug nach München. Die Fahrt nach Frankfurt, die heute per Bahn oder Auto nur vier, fünf Stunden in Anspruch nimmt, dauerte 1945 in den überfüllten, ramponierten Zügen dreizehn Stunden oder noch länger. Es war eine erschöpfende Reise für eine Frau, die kaum Zeit genug gehabt hatte, sich von den Strapazen und Leiden im Konzentrationslager zu erholen, aber Mutter konnte nicht anders. Natürlich machte ich mir um sie Sorgen, denn das Reisen war damals nicht ohne Risiken. Während der ganzen Zeit, die meine Mutter fort war, eine Woche, tat ich kaum ein Auge zu.

Mittlerweile war ein zweiter Überlebender aus Kowno zu Manfred und Dita gestoßen, ein junger Mann mit dem Spitznamen Wulik (das litauische Äquivalent für »Willi«). Dita kannte Wulik aus Kowno. Als Wulik sich bei der Hilfsorganisation in Frankfurt meldete, erkannte ihn Dita und lud ihn ein, zu ihr und Manfred zu ziehen.

Wulik war, wie Manfred, Häftling in Dachau gewesen. Nach der Befreiung war er bei der amerikanischen Dritten Armee geblieben, deren Einheiten die Insassen des Konzentrationslagers befreit hatten. Er arbeitete hauptsächlich als Dolmetscher, aber gelegentlich half er auch in der Küche aus, wo er den seltsamen Spitznamen »William-Jam-and-Butter« verpaßt bekam. Anscheinend mußte er einmal Butter und Marmelade zum Frühstück servieren, und da er ja ein »erfahrener« Koch war, rührte er in einem großen Topf die beiden Ingredienzen zusammen. Die Soldaten waren einigermaßen überrascht, als Wulik diese pappige Mixtur austeilte, verzehrten sie aber mit Genuß. Mannschaften wie Offiziere mochten »William-Jam-and-Butter« gern, und der kommandierende Offizier beschaffte ihm alle notwendigen Papiere, damit er in die Vereinigten Staaten einwandern konnte, wenn die Einheit nach Hause zurückverlegt würde. Wulik war als einziges Mitglied seiner Familie am Leben geblieben. Seine Eltern und sein Bruder waren im Getto ermordet worden. Trotzdem hatte die Aussicht, nach Amerika zu gehen, nichts Verlockendes für ihn; er wollte immer nach Palästina, das damals noch unter britischer Herrschaft stand.

Wulik, der vor dem Krieg aktiver Zionist gewesen war, war seinen Idealen immer treu geblieben. Er war Mitglied der antinazistisch-zionistischen Untergrundbewegung in den Lagern gewesen, und als er Dita in Frankfurt wiederbegegnete, beteiligte er sich schon wieder aktiv am Einschleusen illegaler Immigranten in Palästina. Dabei nutzte er Kontakte, die er geschlossen hatte, als er bei einer Einheit der amerikanischen Armee an der Grenze zwischen der Tschechoslowakei und Rußland stand.

Obwohl Wulik in Frankfurt bei Dita und Manfred eingezogen war, führten ihn seine Tätigkeiten durch ganz Europa. Er arbeitete mit ehemaligen Angehörigen der Jüdischen Brigade und anderen Emissären aus dem unter

Mandatsverwaltung stehenden Palästina zusammen, die nach Europa gekommen waren und damit begonnen hatten, unter den jüdischen Verschleppten die Einwanderung in den künftigen Staat Israel zu organisieren. Wulik nannte sich nun Zeev – das hebräische Äquivalent –, und tatsächlich sprach er besser hebräisch als viele der Emissäre aus Palästina, da er das Hebräische Gymnasium in Kowno absolviert hatte. Als Ben Gurion nach Europa kam, um sich von der Organisationsarbeit der Überlebenden ein Bild zu machen, war er sehr beeindruckt, wie gut Zeev das Hebräische beherrschte, und konnte nicht glauben, daß der junge Mann niemals in Palästina gewesen war.

Meine Mutter war in Kowno nie mit Wulik zusammengetroffen, doch sie verstanden sich auf Anhieb sehr gut. Er war ein sensibler, intelligenter, schmucker junger Mann aus einer guten Familie mit, wie wir es nennen, »Kinderstube«. Er bewunderte meine Mutter, die eine intelligente, kultivierte, gebildete Frau war, ein sehr gutes Deutsch sprach und immer, selbst so kurz nach Kriegsende, auf ein gepflegtes Äußeres achtete. Unglücklicherweise verlor sie aufgrund des langdauernden Vitaminmangels auf einem Auge allmählich die Sehkraft und fürchtete, daß es vielleicht entfernt werden müsse.

Mutter hatte ein Foto von mir nach Frankfurt mitgebracht, um es Manfred zu zeigen, und als Zeev, den meine Mutter so sehr beeindruckt hatte, die Aufnahme sah, stand für ihn fest, daß ich das Mädchen sei, das er heiraten werde. Natürlich weihte er weder meine Mutter noch sonst jemanden in seinen geheimen Plan ein, und ich kannte ihn ja noch gar nicht. Ja, ich wußte nicht einmal, daß es ihn gab!

Mutter kehrte nach Feldafing zurück, aber Manfred und Dita hatten sie bestürmt, mich zu einem Besuch nach Frankfurt zu schicken, und so trat ich, mit dem Cousin als Begleiter, die lange Bahnfahrt dorthin an.

Noch immer war geplant, daß wir alle nach Amerika gehen würden, sobald die Visa eintrafen.

Die Fahrt von München nach Frankfurt dauerte mehr als dreizehn Stunden und war ein Alptraum. Der Waggon war voll betrunkener deutscher Rüpel. Welche von ihnen, ging es mir durch den Kopf, sind SS-Schergen gewesen? Welche von ihnen haben Juden geprügelt und ermordet und ihr Eigentum gestohlen?

Manfred erwartete uns auf dem Bahnsteig. Ich trug eines meiner beiden Kleider, die mir unsere Verwandten aus Amerika geschickt hatten. Es war ein kurzes Jungmädchenkleid, und dazu hatte ich weiße Kniestrümpfe und schwarze Lackschuhe an. Ich hatte mir auch eine modische Frisur zugelegt, eine »Tolle« über der Stirn. Aber meine Augen waren stark entzündet, und meine Figur war noch immer unförmig. Außerdem litt ich an schwerem Asthma. Ich keuchte und hustete die ganze Zeit.

Nachdem Manfred uns begrüßt hatte, hob er das Bündel meines Cousins auf, und wir verließen den Bahnsteig. Doch ohne Manfreds Wissen wartete auch Zeev am Bahnhof auf uns, als wir aus München eintrafen. Er hielt sich außer Sichtweite, bis wir mit unseren paar Habseligkeiten die Treppe hinaufzusteigen begannen, und stieg dann gemächlich die Stufen herab, als käme er ganz zufällig daher.

Er begrüßte mich freundlich. »Guten Tag, du mußt Manfreds Schwester Trudi sein. Ich hab' dein Bild gesehen, und Manfred hat mir eine Menge von dir erzählt. Es freut mich sehr, dich kennenzulernen!« Zeev nahm mir sofort mein Bündel ab und ging dann mit uns die Treppe hinauf, die er eben erst herabgekommen war.

Mein erster Eindruck von Zeev war sehr vorteilhaft. Er war schlank, hatte dunkles Haar und intelligente braune Augen. Obwohl er ganz einfach angezogen war, ging von ihm etwas Würdevolles aus. Er war selbstsicher, ohne unverfroren zu sein, und ich merkte ihm sofort an, daß er ein anständiger Mensch war, jemand, dem man vertrauen konnte. Trotz allem, was er durchgemacht hatte, zeigte sein Benehmen, daß er kultiviert war und eine gute Erziehung genossen hatte. Offenbar wußte er auch genau, was er wollte. Wir waren noch nicht am oberen Ende der Treppe angekommen, da erklärte er mir, daß ich mit ihm nach Palästina übersiedeln würde. Ich dachte: Du bist nicht recht bei Trost.

Am Abend dieses Tages gab es eine Einladung im Jewish Welfare Board. Dita und Manfred nahmen mich mit. Ich war nicht besonders gesellig gestimmt, kannte niemanden und war nicht übermäßig angetan von den Leuten, mit denen Dita mich bekannt machte. Nach einiger Zeit beschloß ich zu gehen.

Ich verließ die Gesellschaft und stieg in eine Straßenbahn, kannte mich allerdings in Frankfurt so gut wie nicht aus. Ich erinnerte mich an einen Orientierungspunkt, eine Polizeiwache, verpaßte ihn aber und stieg an der verkehrten Haltestelle aus. Ich war mir sicher, nicht weit von dem Haus entfernt zu sein, wo Manfred wohnte. Ich erinnerte mich an die Polizeiwache und wußte die Adresse, und so machte ich mich auf die Suche. Schließlich sprach ich ja perfekt deutsch und konnte Passanten nach dem Weg fragen.

Unglücklicherweise waren die Straßen menschenleer und unbeleuchtet. Ich verirrte mich immer mehr. Trotzdem war ich nicht besonders besorgt und überzeugt, die richtige Richtung eingeschlagen zu haben.

Manfred und Dita kamen etwa eine halbe Stunde später zu Hause an, und ich war noch nicht da. Sie machten sich Sorgen. Die Straßen von Frankfurt waren zu dieser Zeit nicht sicher: Deutschland wimmelte von verzweifelten, orientierungslosen Menschen, demobilisierten Soldaten, Deserteuren, befreiten Kriegsgefangenen aller möglichen Nationalitäten, Flüchtlingen und gemeinen Kriminellen. Manfred, Dita und Zeev machten sich sofort auf die Suche nach mir. Dita und Manfred nahmen die eine, Zeev die andere Richtung. Natürlich war Zeev derjenige, der mich fand, und natürlich war ich hocherfreut, ihn zu sehen. Er geleitete mich nach Hause, und ich hatte Glück, daß er mich fand, denn ich war keineswegs in die richtige Richtung gegangen.

Nach einer Woche in Frankfurt fuhr ich nach Feldafing zurück und setzte meine informelle Ausbildung im Krankenhaus fort. Die Ärzte und Schwestern waren freundlich zu mir und wiesen mich bereitwillig in die Laborarbeit ein, aber sie fragten mich immer wieder, warum ich nie lächelte. »Du bist aufgeweckt und jung, aber so schwermütig.«

Ich antwortete nur: »Ich habe so furchtbare Erinnerungen.«

Wie hätte ich erklären können, daß in den vergangenen vier Jahren jedes Lächeln auf meinem Gesicht ein falsches Lächeln gewesen war, nur dazu bestimmt, irgendwelche Nazis für mich einzunehmen?

Zeev besuchte mich oft in Feldafing. Er mußte, bedingt durch seine halb geheimen Aktivitäten, viel reisen und fuhr von einem DP-Lager zum anderen. Er organisierte Gruppen junger Juden und half mit, sie auf die Auswanderung in das Land Israel vorzubereiten. Aus Palästina wurden Lehrer geschickt, um den Überlebenden der Lager Hebräisch, israelische Volkslieder und die Kunst der Selbstverteidigung beizubringen, in der Hauptsache aber ging es darum, sie zu Häfen am Mittelmeer zu lotsen. Die Jewish Agency charterte Schiffe, um die Überlebenden heimlich nach Palästina zu schaffen, gegen den Willen der britischen Regierung, die die Opfer Hitlers lieber in Europa verrotten ließ, als ihnen zu helfen, sich mit ihren Brüdern und Schwestern im Land Israel zu vereinigen und ein neues Leben zu beginnen.

Jedesmal, wenn Zeev nach Feldafing kam, verbrachten

wir einige Zeit miteinander, und es machte mir immer mehr Freude, mit ihm zusammen zu sein. Wenn er fort war, fehlte er mir, und ich machte mir Sorgen um ihn. Seine Tätigkeit war nicht ungefährlich. Man konnte nie wissen, ob es nicht irgendeinem Rowdy einfiel, über einen Juden herzufallen, trotz allem, was uns bereits in der Vergangenheit angetan worden war.

Eines Nachmittags klopfte jemand an die Tür unserer kleinen Wohnung in Feldafing und fragte auf deutsch nach mir. Zu dieser Zeit waren nur meine Mutter und ich zu Hause. Mein erster Gedanke war, es könnte jemand mit einer Nachricht von Zeev sein oder – kurz durchzuckte mich Furcht – vielleicht jemand mit einer Hiobsbotschaft. Glücklicherweise war es nicht so, aber was nun folgte, war eine der sonderbarsten Szenen, die ich jemals erlebt habe. Sie hat sich mir unauslöschlich ins Gedächtnis geschrieben.

Ich öffnete die Tür, und vor mir stand ein hochgewachsener, magerer Mann mit braunem Haar, blauen Augen und einer »jüdischen« Nase. Er kam mir sehr bekannt vor, aber ich konnte ihn im ersten Augenblick nicht einordnen. Er merkte meinem Gesichtsausdruck an, daß ich verblüfft war, und sagte: »Erinnerst du dich nicht mehr an mich, Trudi?«

Als ich seine Stimme hörte, den ersten Ton, kam alles zurückgeströmt. Es war Axel Benz, der deutsche Soldat, der sich, als er die Gruppen der Arbeiterinnen aus dem Getto von Kowno hatte eskortieren müssen, mit mir angefreundet und mich beschützt, der mir seine goldene Uhr geschenkt hatte.

Ich hatte nie erwartet, ihn wiederzusehen. Während all der Jahre hatte ich zahllose Menschen getroffen oder kennengelernt und war mir sicher gewesen, daß ich die meisten von ihnen nie wiedersehen würde. Sie bewohnten einen gesonderten, fernen Bereich meiner Erinnerung, den ich selten besuchte, weil er zu sehr mit Schmerzchem angefüllt war. Und jetzt war Benz aus dieser Region aufgetaucht, gesund und unversehrt. Ich war sehr erfreut, ihn zu sehen.

»Möchtest du einen Spaziergang mit mir machen?« fragte er. »Trinken wir eine Tasse Kaffee zusammen.«

Ich konnte seine Einladung nicht annehmen. Es wäre mir unangenehm gewesen, in der Öffentlichkeit mit einem deutschen Mann gesehen zu werden. »Nein«, sagte ich. »Du kannst hereinkommen. Bitte, setze dich.« Ich deutete auf einen Stuhl neben dem Eßzimmertisch, und Benz nahm Platz.

»Hättest du gern etwas zu essen oder zu trinken?«

»O nein, ich könnte dir nichts wegnehmen.«

»Aber nein. Wir haben jetzt genug zu essen.«

Ich stellte Wasser für Tee auf den Herd und setzte mich dann zu ihm an den Tisch. »Wie hast du mich denn gefunden?« fragte ich. Wenn jemand den Krieg überlebt hatte, gab es immer eine Unmenge Fragen, die man ihm stellte. Vielleicht hätte ich fragen sollen: »Warum hast du nach mir gesucht?« Oder: »Was ist aus dir geworden, nachdem du aus Kowno fort mußtest?« Aber im Grunde wollte ich gar nichts erfahren über jemanden, der auf der Seite meines Todfeindes gestanden hatte.

Benz erzählte mir unaufgefordert seine Geschichte: Seine Einheit sei 1943 aus Kowno an die russische Front verlegt worden. Beinahe alle seine Kameraden seien gefallen oder von den Russen gefangengenommen worden.

Gut so, dachte ich. Sie haben es verdient! Wenn nur mehr deutsche Soldaten umgekommen wären, dann hätte der Krieg vielleicht früher ein Ende genommen. Aber wenn Benz gefallen wäre? Das brachte mich durcheinander. Benz war ja kein böser Mensch. Er war gütig zu mir gewesen, und ich hatte nie erlebt, daß er jemanden grausam behandelte. Nicht alle deutschen Soldaten waren gefühllose Verbrecher gewesen, das war mir klar, aber was sie durchgemacht hatten, war nichts im Vergleich zu den Leiden der Juden. Alles in mir sträubte sich dagegen, Mitleid mit den Männern zu empfinden, die Benz betrauerte.

»Ich habe immer wieder deinen Namen in den Listen der Überlebenden gesucht«, fuhr Benz fort. »Ich habe mich an dich aus der Zeit in Kowno so gut erinnert und so oft um deine Rettung gebetet. Schließlich habe ich deinen Namen gelesen, und jetzt bin ich eigens aus Köln gekommen, um dich zu sehen. Vielleicht haben dir meine Gebete geholfen, wer weiß?«

Benz stellte mir viele Fragen, wie es mir ergangen war, seit er mich in Kowno zum letztenmal gesehen hatte, und er war tief erschüttert, als er hörte, welch unsägliche Verbrechen die Nazis an uns begangen hatten. Er hielt die Tränen nicht zurück und sagte: »Ich schäme mich für mein Land, ich schäme mich so sehr.«

Dann berichtete er, daß er mit einer jungen Italienerin verlobt sei. Er liebe sie, sei sich aber nicht sicher, ob er sie wirklich heiraten werde.

»Warum nicht?« fragte ich.

»Weil ich dich heiraten möchte, Trudi«, sagte er.

Ich war zu verblüfft, um darauf zu antworten. Das war das letzte, was ich erwartet hätte. Die Idee war so abwegig, daß ich beinahe laut herausgelacht hätte. Aber ich sah, daß es sein tiefer Ernst war, und so mußte ich eine ernste Antwort geben. Ich zögerte lange, wußte nicht, wo ich anfangen sollte. Schließlich sagte ich: »Nach dem, was die Deutschen den Juden angetan haben, könnte ich nie einen Deutschen heiraten.«

»Ich trete zur jüdischen Religion über und emigriere nach Israel!« sagte er. Ich wollte meinen Ohren nicht trauen. Das war ein Ding der Unmöglichkeit! Er könnte niemals einen Juden aus sich machen. Jedermann würde in ihm sofort den Deutschen, einen ehemaligen Soldaten der Nazi-Armee erkennen. Ich würde mich schämen, mit ihm auf der Straße gesehen, geschweige denn, seine Frau zu werden.

Er war ein sensibler Mensch mit künstlerischen Neigungen, und er hatte mich Tag für Tag auf dem trübseligen Marsch vom Getto in Kowno zu dem Lazarett begleitet. Seine Freundschaft, unter hoher Gefahr für sein eigenes Leben bekundet, hatte mir Kraft und Mut zum Weitermachen gegeben. Er hatte mich in der Hoffnung bestärkt, daß der Krieg einmal zu Ende gehen werde und mir – die generöseste seiner Gesten – seine goldene Uhr geschenkt, in der Hoffnung, sie würde mir helfen, am Leben zu bleiben – obwohl ich dann beinahe umgebracht worden wäre, als ich sie gegen Nahrungsmittel eintauschte.

Damals hatte er gesagt: »Hoffentlich sehen wir uns wieder.« Und mir waren Tränen in die Augen getreten, als er mit seiner Einheit Kowno verlassen mußte. Wer, hatte ich gedacht, wird mich jetzt beschützen?

Und jetzt war Benz also wieder aufgetaucht. Ich erinnerte mich an die große Dankbarkeit, die ich empfunden hatte, und war von seinem impulsiven Antrag sehr gerührt, konnte ihn aber unmöglich annehmen.

»Ich bitte dich, das ist doch Unsinn! Du kennst mich ja gar nicht. Du kannst mir doch nicht so Knall auf Fall einen Heiratsantrag machen! Außerdem bin ich ja noch ein junges Mädchen. Ich habe nicht vor zu heiraten, ehe ich meine Ausbildung abgeschlossen habe.«

»Doch, ich kenne dich. Ich erinnere mich so gut an dich aus der Zeit in Kowno, wie fröhlich du warst, auch wenn es dir elend ging. Was für ein liebes, kleines Mädchen du warst!«

»Bitte, verzeih, daß ich offen rede. Schlag dir das aus dem Kopf. Du hast dir aus der Erinnerung eine Vorstellung gebildet und dich in sie verliebt. Du versuchst, mit einer persönlichen Geste gutzumachen, was dein Land angerichtet hat. Ich verstehe das, aber...«

Unvermittelt erhob er sich von seinem Stuhl. In großer Erregung ging er mehrmals im Zimmer umher. Dann sagte er: »Ich sehe ein, ich hab' mich zum Narren gemacht. Bitte, verzeih mir. Ich gehe jetzt. Leb wohl!« Er ging auf die Tür zu.

Ich hielt ihn auf. »Fährst du zurück nach Köln?«

»Ja, warum fragst du?«

»Ich habe einen Brief für einen Freund in Frankfurt. Es wäre sehr nett von dir, wenn du ihn unterwegs aufgeben könntest.«

»Wenn er für deinen Freund bestimmt ist«, sagte er, »möchte ich ihn nicht mitnehmen.« Aber er nahm ihn doch mit.

Axel Benz war Maler. Als ich dann schließlich heiratete, schickte er mir ein wunderbares Bild von ihm, ein Dorf in Deutschland, umgeben von einer weiten Landschaft. Es hängt noch heute in meiner Wohnung in Jerusalem, obwohl ich jeglichen Kontakt zu Benz verloren habe.

Axel Benz war nicht der einzige, der Absichten mit mir hatte. Unsere amerikanischen Visa mußten bald eintreffen, und Manfred und Dita planten, die Überfahrt für uns zu buchen. Aber Zeev lag uns in den Ohren, mit nach Palästina zu kommen. Das sei die richtige Heimat für jüdische Menschen. Außerdem wollte mich Zeev heiraten, aber ich war noch nicht bereit, seinen Antrag anzunehmen. Es eilte mir nicht, eine dauerhafte Bindung mit irgend jemandem einzugehen. Ich wußte damals noch kaum, was Liebe bedeutet. Ich hatte keinerlei Erfahrungen mit persönlichen Beziehungen, abgesehen von dem liebevollen Verhältnis zu meinem Vater, der mir genommen worden war, und der tiefen Bindung an meine Mutter, die unter extrem belastenden Umständen gewachsen war. In der Zeit der Verfolgung hatte ich keine Möglichkeit gehabt, mich wie ein normales heranwachsendes Mädchen zu entwickeln, mit Freunden und einem eigenen Leben. Selbst mein Bruder Manfred war für mich während der Gettojahre beinahe zu einem Fremden geworden, da er seine eigenen Wege ging. Ich kam mir jetzt vor wie ein sehr junges Mädchen. Die Jahre der Verfolgung waren einfach aus meinem Leben gestrichen. Sie hatten nicht zu meinem Reifungsprozeß beigetragen. Wer konnte unter solchen Umständen schon daran denken, sich zu verlieben? Es war ein Ding der Unmöglichkeit. Zeev blieb hartnäckig, aber ich wollte von dem Gedanken an eine Heirat nichts wissen.

Dann geschah etwas sehr Wichtiges, von großem Einfluß auf den Gang, den unser Leben später nehmen sollte. Anfang 1946 gelang es Manfred und Dita, die Überfahrt nach Amerika zu buchen, aber meine Mutter und ich hatten noch nichts Endgültiges in die Wege geleitet. Unsere Visa waren noch nicht eingetroffen. Manfred und Dita reisten ab, und wir zogen in ihre Frankfurter Wohnung, samt den paar Habseligkeiten, zu denen wir es seit der Befreiung gebracht hatten, einem kleinen Bündel gebrauchter Kleidungsstücke.

Als wir uns in Frankfurt installiert hatten, waren wir uns plötzlich nicht mehr so sicher, ob wir wie Manfred und Dita nach Amerika gehen sollten. Zeev sprach immer so begeistert von Palästina, daß wir schon halb dafür gewonnen waren, dorthin auszuwandern. Diese Entscheidung war keineswegs einfach. Mutter und ich diskutierten stundenlang darüber. Manfred und Dita lag sehr daran, daß wir mit ihnen nach Amerika gingen, und meine Mutter und ich wollten uns von unserem nächsten überlebenden Familienmitglied verständlicherweise nicht trennen. Wir verstanden uns sehr gut mit Dita, und Mutter wäre natürlich sehr gerne dabei gewesen, wenn Enkel auf die Welt kamen.

So viel Sympathie wir auch für Zeev empfanden, das Hauptargument gegen eine Auswanderung nach Amerika war doch mehr ideologischer als persönlicher Natur. Wo sollte ein Jude leben nach dem, was die Nichtjuden uns während des Krieges angetan hatten? Für uns lag es auf der Hand, daß wir Deutschland verlassen müßten, je früher, desto besser, obwohl einige Holocaust-Überlebende vorhatten, hierzubleiben. Wie, frage ich mich noch heute, konnte ein Mensch jüdischer Herkunft in Deutschland bleiben und leben? Das ist erstaunlich. Für einen Überlebenden ist Deutschland nicht der richtige Platz. Ich verstehe das nicht.

Zeev war ein glühender Zionist, und seine Argumente überzeugten. Ich war, im Gegensatz zu ihm, nie in einer zionistischen Jugendbewegung gewesen, und ich hatte auch nicht seinen ideologischen Hintergrund. Andererseits waren meine Mutter und ich für seine Ideen sehr aufgeschlossen. Mutter hatte sich seinerzeit in Frankfurt engagiert für den Zionismus eingesetzt. Sie hatte für den Jüdischen Nationalfonds Geld gesammelt, und wäre ihre Herzschwäche nicht gewesen (mein Vater hatte sich wegen des heißen Klimas gesorgt), hätten meine Eltern Mitte der dreißiger Jahre, nachdem sie aus Deutschland vertrieben worden waren, erwogen, nach Palästina überzusiedeln.

Lange wogen wir das Pro und Kontra ab. Wenn wir uns für Palästina entschieden, bedeutete das ein schweres, unsicheres Leben gegenüber einem relativ leichten, hieß das, dem zionistischen Traum von einem Heimatland den Vorzug vor unseren nächsten Verwandten zu geben. Natürlich konnten wir damals nicht ahnen, wie sich die Dinge entwickeln würden. Niemand konnte zu jener Zeit wissen, zu welchem Wohlstand es Amerika bringen und wie gut es vielen jüdischen Flüchtlingen dort gehen würde. Außerdem darf man nicht vergessen, daß dies vor dem Teilungsbeschluß der Vereinten Nationen vom November 1947 und der Unabhängigkeitserklärung Israels im Mai 1948 war. Zu dieser Zeit war nicht abzusehen, daß das Leben in Palästina unter Mandatsverwaltung notwendigermaßen eine lange Reihe schwerer Kämpfe um das Überleben der jüdischen Gemeinschaft mit sich bringen würde.

Schließlich führte Zeev unsere Entscheidung herbei. Er überzeugte uns, daß Juden in ihr eigenes Land gehören, daß sie nicht als Fremde in einem anderen Land leben sollen, selbst wenn sich dieses gegenüber den Juden so freundlich gezeigt hat wie die Vereinigten Staaten. Wir holten die amerikanischen Visa nicht ab. Als Manfred davon erfuhr, dachte er, wir seien nicht ganz bei Trost, und ich nehme an, daß er uns diese Entscheidung übelnahm. Zu dieser Zeit hatte Zeev mich noch nicht zu der Zusage gebracht, ihn zu heiraten, aber meine Mutter und ich hatten ihn sehr ins Herz geschlossen.

In Frankfurt führten wir ein ungeordnetes, beinahe verrücktes Leben, eigentlich ohne Rahmen und Ziel. Die jüdische karitative Organisation verteilte Zigaretten und andere Bedarfsartikel, die wir, soweit wir sie nicht selbst verbrauchten, gegen Nahrungsmittel und andere Waren eintauschten.

Obwohl die einst so mächtigen Deutschen besiegt worden waren und das Land unter alliierter Militärverwaltung stand, hatten wir Juden nicht das Gefühl, Sieger zu sein. Zuviel und zu viele unsresgleichen hatten wir verloren. In vielen von uns brannte das Verlangen, Rache zu nehmen. Für mich selbst, so sehr ich die Deutschen haßte und sie alle als ehemalige SSler betrachtete, kam es nicht in Frage, mich persönlich an ihnen zu rächen. Das lag mir nicht.

Außerdem hatte ich immer noch Angst vor ihnen, und sowohl das, was sie getan hatten, als auch ihre heuchlerischen Unschuldsbeteuerungen nach dem Krieg erfüllten mich mit Haß. Plötzlich wollte niemand eine Ahnung davon gehabt haben, welche Untaten die bösen Nazis begangen hatten. Allerdings stellte ich auch durch ein sehr eigenartiges Erlebnis fest, daß manche Deutschen tatsächlich nicht die volle Wahrheit über die fürchterlichen

Verbrechen kannten, die in ihrem Namen begangen worden waren.

In Frankfurt ging ein großer Teil meiner Zeit an ärztliche Behandlungen. Mein verletztes Bein war zwar teilweise geheilt, aber noch immer nicht kräftig, und ich hinkte stark. Auch die Tuberkulose, gegen die man mir Kalziuminjektionen gegeben hatte, war noch nicht ganz auskuriert. Dann bekam ich am Rücken eine Zyste und mußte mich einer kleinen Operation unterziehen. Wegen der schmerzhaften Behandlungen, die ich im Konzentrationslager Stutthof über mich hatte ergehen lassen müssen, fürchtete ich mich davor sehr. Dort waren die Ärzte immerhin Juden gewesen. Hier aber würde ich es mit deutschen Ärzten und Krankenschwestern zu tun haben. Das stimmte mich nicht eben zuversichtlich.

Es handelte sich angeblich um einen einfachen Routineeingriff, obwohl ich narkotisiert werden mußte. Während der Operation wartete meine Mutter draußen vor dem Operationssaal, wobei ihr Zeev Gesellschaft leistete. Plötzlich kamen die Schwestern schreiend und kreischend herausgerannt: »Das ist zu furchtbar, das ist zu grauenhaft! Wie konnte so etwas nur geschehen?«

Meine Mutter und Zeev erstarrten. Sie dachten schon, ich sei auf dem Operationstisch gestorben. Zeev schrie: »Was ist los mit ihr?« Drinnen im Operationssaal hörten sie ihn und riefen hinaus: »Keine Sorge. Sie ist wohlauf.« Die Schwestern gewannen ihre Fassung wieder, kamen zurück, und nach kurzer Zeit war die Entfernung der Zyste abgeschlossen.

Hinterher erfuhren wir, daß ich unter der Wirkung der Narkose, halb bewußtlos, über die Schrcckensszenen in den Lagern und im Getto zu sprechen begonnen hatte. Die Schwestern waren hinausgelaufen, weil es zuviel für sie gewesen war. Nur der Arzt war geblieben, da er während der Operation den Saal nicht verlassen konnte. Später, während ich mich von dem Eingriff erholte, kam er an mein Bett und bat mich buchstäblich auf Knien um Verzeihung für das, was die Deutschen mir angetan hatten. Er besuchte mich zweimal täglich und brachte mir Blumen. Es fiel mir schwer, die Blumen aus seiner Hand entgegenzunehmen.

Damals war ich nicht bereit, den Deutschen zu verzeihen. Ich wollte das Land so rasch wie möglich verlassen. Ich konnte mir nicht vorstellen, daß jemals der Tag kommen werde, an dem ich bereit sein würde, nach Deutschland zu reisen und Deutschen zu begegnen, obwohl ich manchen, von deren persönlicher Unschuld ich wußte, verzeihen konnte – Leuten wie Axel Benz oder dem Arzt, der meine Zyste operierte und mich um Vergebung bat.

Meine Mutter erholte sich nach der Befreiung erstaunlich gut, und trotz ihrer großen Trauer wurde sie nie depressiv. Ihre ganze Charakterstärke trat hervor, als sie – in einem Alter, in dem sie unter normalen Umständen hätte erwarten dürfen, beschaulich leben zu können, während die Kinder heranwuchsen – sich der Aufgabe stellen mußte, einen neuen Anfang zu machen.

Trotz ihrer gesundheitlichen Probleme blickte meine Mutter der Zukunft voll Mut und Zuversicht entgegen. Außer der Tuberkulose hatte sie aus den Lagern noch eine andere schwere körperliche Beeinträchtigung mitgebracht. Wie bereits erwähnt, verschlechterte sich wegen des Vitaminmangels die Sehkraft des einen Auges immer mehr. Schließlich erblindete es und mußte entfernt werden. Sie bekam ein künstliches Auge, aber nicht eines von der besten Qualität, so daß es deutlich zu sehen war. Das machte meiner Mutter sehr zu schaffen. Bis an ihr Lebensende war sie sehr auf ein gepflegtes Äußeres bedacht, und sie kleidete sich, soweit sie es sich leisten konnte, mit erstklassigem Geschmack, allerdings unauffällig und ohne Extravaganz. Sie war eine Dame durch und durch.

Da wir absolut besitzlos waren, drang sie darauf, daß ich einen richtigen Beruf erlernte. Da mich die Tätigkeit im

Krankenhauslabor in Feldafing interessiert hatte, beschlossen wir, daß ich mich am Paul-Ehrlich-Institut in Frankfurt einschreiben sollte, mit dem Ziel, Labortechnikerin zu werden.

Ich fand das Studium ungemein anstrengend, da ich wegen des Nazi-Terrors nicht weit über die Volksschule hinaus gediehen war, und außerdem war es mir, nach meinen Erlebnissen in den Lagern, sehr unangenehm, bei deutschen Dozenten zu studieren und von deutschen Studenten umgeben zu sein. Ich bin an sich ein geselliger Mensch, aber ich lehnte es ab, am Institut irgendwelche freundschaftlichen Beziehungen einzugehen. Jeden Tag kam ich sofort nach der letzten Vorlesung zu meiner Mutter nach Hause.

Die Monate vergingen, und Zeev fragte hartnäckig, wann wir uns endlich verloben würden. Er war immer ein Gentleman. Es stand außer Frage, daß ich ihn gern um mich hatte. Wenn er zu einer seiner Missionen fort war, fehlte er mir, und ich machte mir Sorgen um ihn. Ich war sehr stolz auf seine Arbeit: die Organisation der jüdischen Einwanderung in das Mandatsgebiet Palästina. Europa war überschwemmt von entwurzelten Juden, die während der Verfolgungszeit jeglichen Besitz und sämtliche Angehörigen verloren hatten, Männer und Frauen, für die es keine Heimkehr gab. Wie konnte man einen Menschen jüdischer Herkunft nach Polen, in die Ukraine, nach Litauen, in beinahe jedes andere Land in Europa zurückschicken, nachdem die Nichtjuden mit solcher Begeisterung zu Mordgesellen der Deutschen geworden waren? Jeder Quadratzentimeter des europäischen Bodens war mit Blut getränkt. Die Erde war ein riesiges jüdisches Grab.

Der einzige Platz in der Welt, wo man bestrebt war, all diese jüdischen Flüchtlinge aufzunehmen, war der »Jischuw« in Palästina, aber die Briten hatten sich dem arabischen Druck gebeugt und die Zugänge zum Mandatsgebiet verschlossen. Angesichts dieser tragischen Situation retteten Zeev und die anderen jungen Leute, die mit großem Engagement für die geheime Einwanderung arbeiteten, nicht nur Leben, sie gaben den Menschen auch eine Zukunft und bauten mit an dem entstehenden jüdischen Staat. Es war begeisternd für mich, an einem so wichtigen Unternehmen beteiligt zu sein, wenn auch nur als Zeevs Freundin und gelegentliche Helferin.

Daß Zeev mir immer wieder vorschlug, wir sollten heiraten, brachte mich in ein Dilemma. Da ich alle Probleme mit meiner Mutter besprach, fragte ich sie auch diesmal um Rat: »Was soll ich Zeev sagen? Was soll ich tun? Ich mag ihn sehr und will ihm nicht wehtun, aber ich bin mir nicht klar darüber, ob ich schon heiraten soll. Was würdest du an meiner Stelle tun?«

Meine Mutter hörte mir aufmerksam zu. Nachdem sie lange überlegt hatte, antwortete sie: »Wenn Du wirklich meine Meinung hören willst – ich denke, du bist viel zu jung, um schon ans Heiraten zu denken.« Sie sah mich an und wartete auf meine Reaktion.

»Ich sehe es genauso. Ich bin um meine Jugend gebracht worden. Manchmal kommt es mir vor, als wäre ich noch immer erst elf oder zwölf. Die Jahre während der Verfolgung zählen nicht. Sie haben nicht zu meiner Entwicklung beigetragen. Ich muß meine Jugend nachholen.«

»Richtig. Du mußt erst einmal leben, etwas vom Leben haben, reifer werden. Es ist zu früh, die Verantwortung einer Ehe auf dich zu nehmen. Selbst unter normalen Umständen, wenn dein Vater noch am Leben wäre und wenn es die Verfolgung nicht gegeben hätte, wärst du zum Heiraten zu jung. Wie kannst du da erst jetzt, da du soviel verloren und keinen Vater hast, der dir helfen kann, an eine Heirat denken?«

»Das finde ich auch. Ich werde es Zeev erklären. Wir wollen noch ein paar Jahre vergehen lassen.«

Doch als ich mit Zeev vernünftig zu reden versuchte, wollte dieser vernünftige Mann nichts von Vernunft hören. Er hatte nur ein einziges Argument: »Ich liebe dich, Trudi. Ich weiß, ich werde dich heiraten. Also warum es hinausschieben?«

»Aber du hast doch keinen Beruf. Wir müssen Geld auf die Seite legen, ehe wir heiraten.«

Das war ein wunder Punkt. Zeev dachte daran, Maschinenbau zu studieren, aber er wollte nicht länger in Deutschland bleiben, als er unbedingt mußte, und die Arbeit für die illegale Einwanderungsbewegung nahm seine ganze Zeit und Energie in Anspruch. Er fühlte sich verpflichtet, sie solange fortzusetzen, als es notwendig war. Aber er kannte meine Mutter sehr gut und hatte große Achtung vor ihr. Welche jüdische Mutter aus ihrem Milieu erträumt sich als Mann für ihre Tochter nicht einen Rechtsanwalt oder Arzt, jemanden mit einer angesehenen Stellung und gesicherten Zukunft? Zeev teilte die Vorstellungen meiner Mutter. Er wollte seiner Frau und seinen Kindern ein gesichertes Leben bieten.

Meine Mutter ihrerseits mochte Zeev gern und bewunderte ihn. Sie sagte oft, er sei aus »einer guten Wurzel« und war froh darüber, daß ich mit ihm befreundet war und nicht mit einem unzuverlässigen Mann, dessen Charakter in den Lagern Schaden genommen hatte. Aber sie fand, ich sollte die Chance bekommen, etwas aus mir zu machen. Sie sagte sehr klar, was sie dachte, wenn ich sie um Rat fragte, aber sie mischte sich nicht ein, als es so aussah, als würde ich mich nicht daran halten. Sie war eine sehr kluge Frau.

In einem Punkt war ich mir ganz sicher: daß ich nur einen Mann heiraten könnte, der den Holocaust ebenfalls durchgemacht hatte. Jemand anderer wäre niemals imstande, mich zu verstehen. Zeev und ich verstanden einander vollkommen. Und je mehr er vom Heiraten sprach, desto besser hörte es sich allmählich für mich an. Am

1. Juni 1946 verlobten wir uns. Ich teilte meinem Bruder und meiner Schwägerin die Verlobung mit und schrieb aus einem Impuls heraus auch an Axel Benz, der mir ebenfalls seine Hochzeitsanzeige geschickt hatte. Manfred, Dita und unsere amerikanischen Verwandten sandten uns Glückwunschtelegramme, und Axel Benz schickte mir sein Bild. Er hatte darauf geschrieben »Für Trudi Simon«. Zeev war zwar von dem schönen Geschenk sehr angetan, sagte aber: »Er hätte schreiben sollen ›Für Trudi Birger!‹«

Wir heirateten am 30. Juni 1946 im Hof des Wohnhauses in Frankfurt, in dem wir unser Quartier hatten. Es war eine sehr schlichte Zeremonie, mit den zehn für die Gebete vorgeschriebenen Männern und ein paar weiteren Freunden. Unsere Wohnung befand sich in keinem sehr guten Viertel, und sämtliche nichtjüdischen Nachbarn beobachteten unsere bescheidene Feier von ihren Fenstern aus. Ich hörte jemanden sagen: »So ein kleines Kind geht heiraten!« Wer hätte sich träumen lassen, daß nach Hitler und seinen Untaten jemals wieder eine jüdische Hochzeit in Frankfurt gefeiert werden würde?

Zeev und ich besaßen keinen Pfennig und beinahe nichts zum Anziehen. Selbst Zeevs Schlafanzug, sein einziger, war zerrissen. Aber wir kamen doch zu einer Hochzeitsreise. Meine Mutter hatte es zu unserer Überraschung so eingerichtet, daß wir eine Woche in einer Pension im Taunus verbringen konnten. Der Taunus war in meiner Erinnerung noch immer mit jenem schrecklichen Vorfall in meiner Kindheit verbunden, als wir auf der Rückfahrt von unserem sonntäglichen Picknick beinahe alle von SA-Männern erschossen worden wären. Aber Zeev und ich verbrachten eine wunderbare Woche auf dem Land. Die Pensionswirtin hatte uns mit einem kleinen Schild an unserer Zimmertür begrüßt, auf dem stand: »Willkommen, Herr und Frau Birger«.

Das war das erste Mal, daß ich mich wirklich als Frau Birger fühlte.

Wir begannen den Tag damit, daß wir auf den Feldern körbeweise Erdbeeren pflückten, und unsere Wirtin gab uns dicke Sahne, mit der wir sie aßen. In den Obstgärten gab es köstliche Kirschen. Wir pflückten so viele, wie wir essen konnten, und wenn ich in die Pension zurückkam, hatte ich – anstelle von Ohrringen – je zwei Kirschen über den Ohren hängen. Heute kaufe ich zu unserem Hochzeitstag jedes Jahr Kirschen, aber sie schmecken nie so gut wie die Kirschen damals. Seit unserer Befreiung war zwar schon ein Jahr vergangen, aber wir hatten frisches Obst so lange entbehren müssen, daß wir immer noch Heißhunger darauf hatten.

Auch Zeevs Gesundheit hatte in Dachau schweren Schaden genommen, und während unseres ersten Ehejahres sorgte meine Mutter dafür, daß er viel frisches Obst und Gemüse zu essen bekam, womit sie zu seiner Genesung beitrug. Wir lebten weiterhin in derselben Wohnung, aber Zeev und ich hatten nie im mindesten das Gefühl, daß meine Mutter uns im Wege war. Sie und Zeev kamen einander sehr nahe, und sie ersetzte ihm schließlich beinahe die eigene Mutter, die er im Getto von Kowno verloren hatte. Zeev arbeitete weiter, und ich setzte mein Studium fort, aber man könnte sagen, daß wir fast zwei Jahre lang ein Leben ohne richtigen Rahmen führten. Wir entwickelten überhaupt keine Bindung an Frankfurt, weil wir wußten, daß wir Deutschland verlassen würden. Unser Leben bekam erst feste Umrisse, als wir nach Israel übersiedelten.

Nachdem wir geheiratet hatten, gab es kein Schwanken mehr, ob wir nach Palästina gehen sollten oder nicht. Die einzige Frage war nur, wann wir die Möglichkeit dazu bekommen würden. Die Engländer hatten die legale Einwanderung so stark gedrosselt, daß Immigranten nur noch grüppchenweise ins Land gelangten. Sie fingen

Schiffe voll illegaler Einwanderer ab und hielten sie in Lagern auf Zypern fest. Zeev betätigte sich noch immer aktiv für die Bewegung und konnte sich, weil er in Europa so dringend gebraucht wurde, nicht um die eigene Erlaubnis zur Einwanderung bemühen. Schließlich, im November 1947, erhielten wir die Genehmigung, uns auf den Weg zu machen.

Genau genommen waren wir illegale Einwanderer, aber die Jewish Agency erprobte an uns eine neue Strategie. Statt zu versuchen, die britische Blockade der palästinensischen Küste zu durchbrechen und uns nachts an einem abgelegenen Strand an Land zu setzen, wie es mit so vielen Schiffen voll Verschleppter geschehen war, hatte man uns mit den Personalpapieren verstorbener Leute aus Palästina versehen; wir sollten so tun, als kehrten wir von einer Europareise zurück – obwohl man uns nur anzusehen brauchte und wußte, daß wir Holocaust-Überlebende waren. Vielleicht konnten wir die britischen Beamten hinters Licht führen, oder sie durchschauten uns und drückten möglicherweise ein Auge zu.

Wir fuhren auf einer Jacht, die die Familie Rothschild zur Verfügung gestellt hatte. Die Reisebedingungen waren zwar nicht gerade luxuriös, und das Schiff machte nur sehr langsame Fahrt, aber wir waren in Hochstimmung. Welch ein Unterschied zwischen dieser Reise und der Schreckensfahrt auf der Ostsee, die uns beinahe den Tod gebracht hätte! Außer der Tuberkulose hatte ich während der ganzen Zeit in Deutschland auch noch an Asthma gelitten, obwohl ich als Kind nie Asthma gehabt hatte. Verblüffenderweise gab es sich in dem Augenblick, da ich die Jacht betrat. Und zum erstenmal seit vielen Jahren lachte ich auf dieser Reise unbeschwert. Wir tanzten auf den Decks.

Für mich war die Fahrt ein besonderer Genuß. Der griechische Kapitän war ein richtiger homme à femme und hatte ein Auge auf mich geworfen. Er war enttäuscht, als sich herausstellte, daß ich verheiratet war, aber als Gentleman lud er Zeev, meine Mutter und mich ein, an der Kapitänstafel zu essen. Er erlaubte mir, den Tag auf der Brücke zu verbringen, und lieh mir ein Fernglas. Unterwegs zeigte er mir die griechischen Inseln, und ich war begeistert wie ein kleines Mädchen.

Die Rothschild-Jacht war zwar hochseetüchtig, aber nicht so schnell wie ein Ozeandampfer, und unsere Reise dauerte beinahe zwei Wochen. Während dieser ganzen Zeit ließ die euphorische Stimmung an Bord nie nach. Wir reisten zwar unter sehr beengten Verhältnissen, waren aber voller Freude, sangen hebräische Lieder und schlossen Freundschaften, die jetzt schon seit mehr als vierzig Jahren halten.

Am letzten Abend der Reise sagte der Kapitän, wir würden bald Land in Sicht bekommen, und niemand wich von der Reling. Stundenlang standen wir da und starrten zum dunklen Horizont hin, in der Erwartung, den ersten Lichtschimmer von der Küste her zu erspähen. Dann plötzlich, mitten in der Nacht, unter dem sternenübersäten Himmel, erspähte jemand die Lichter auf dem Karmel, die Lichter von jüdischen Häusern und Straßen!

Endlich, nachdem wir aus drei Ländern vertrieben worden waren, nachdem wir ein Heim nach dem andern verloren hatten, waren wir in Sichtweite eines Landes, das unser eigenes war. Ich zitterte vor Freude am ganzen Körper, als wäre es ein Traum, und war viel zu aufgeregt, um einschlafen zu können. So blieb ich die ganze Nacht auf und schaute zu diesen Lichtern hin, während wir uns – furchtbar langsam, so erschien es mir – der Küste näherten. Mir war überhaupt nicht bange, was mich dort erwarten könnte. Ich war von freudiger Hoffnung erfüllt.

Wir gingen am 20. November 1947 in Haifa an Land. Die neue Strategie, uns gefälschte Personalpapiere zu geben, hatte sich als erfolgreich erwiesen; unsere Jacht war das erste Einwandererschiff, das ohne Probleme in Palästina eintraf. Als wir an Land gingen, küßten wir alle die Erde, was ich weder vorgehabt noch mir vorgestellt hatte, doch als wir zum erstenmal den Fuß auf den Boden unseres Heimatlandes setzten, erschien es einem als das Natürlichste von der Welt. Dann schloß ich Zeev und meine Mutter fest in die Arme. Damit begann ein neues Leben!

7. Kapitel *Ein neues Leben in Israel*

Meine Mutter, Rosel Simon, verschied 1983 nach fünfunddreißig Jahren erfüllten Lebens in Israel. Mit ihrem Tod verloren mein Mann und ich den teuersten Menschen, der unseren Weg begleitet hatte. Sie hatte eine enge Beziehung zu unseren drei Söhnen gehabt, die sehr an ihr hingen, sie hatte Manfreds und Ditas zwei Kinder gut gekannt und auch noch die Geburt eines Enkelkinds, der ältesten Tochter meines Sohnes Doron, erlebt. Es war für uns alle ein schwerer Schlag, als sie starb. Sie hatte mit ihrer Klugheit viel zu unserem Glück beigetragen.

Mutters Begräbnis war eines der schmerzlichsten Ereignisse in meinem Leben seit der Befreiung. Ein Jahr und noch länger war ich unfähig zu lachen. All die furchtbaren Erinnerungen an den Holocaust kamen zurück wie eine Flut, die Pein und die Todesangst, die ich zusammen mit ihr ausgestanden hatte. Über diese schrecklichen Dinge hatte ich oft mit meiner Mutter gesprochen. Nun gab es niemanden mehr, mit dem ich diese Erinnerungen teilte. Im Getto, als ich noch ein junges Mädchen war, war sie meine beste Freundin gewesen, weil alle meine Schulfreundinnen ermordet worden waren, und sie war der einzige Mensch gewesen, der das Entsetzliche, das wir durchgemacht hatten, in seinem ganzen Ausmaß erfaßte, Augenblicke wie die Ermordung meines Onkels Benno vor den Augen seiner Mutter. Sie hatte den tiefen Schmerz erlebt, als wir von der entwürdigenden Arbeit im Lazarett zurückkehrten und feststellen mußten, daß mein teurer Vater, ihr geliebter Mann, fortgeschleppt und erschossen worden war. Sie hatte die zermürbende Furcht empfunden, die jeden Tag unseres gemeinsamen Lebens in den Lagern erfüllte, die Angst, wir könnten durch den Tod voneinander getrennt werden. Nun, da der Tod uns getrennt hatte, war ich vor Kummer untröstlich, trotz des Gedankens, daß meine Mutter die Verfolgungszeit um viele Jahre überlebt hatte.

Das Leben im neuen Staat Israel war in den ersten Jahren keineswegs einfach und bequem, aber Mutter beklagte sich nie. Sie hatte nicht nur meinet- und Zeevs wegen zugestimmt, nach Israel zu kommen. Es lag ihr persönlich sehr viel daran, hier zu leben, und sie liebte das Land. Sie wurde zu einer engagierten Zionistin und begeisterten Patriotin. Sie lernte Hebräisch, wenn auch bei weitem nicht perfekt, und wir drei halfen einander, bei Null zu beginnen und uns zusammen ein neues Leben aufzubauen. Meine Mutter teilte die Entbehrungen, die wir auf uns nehmen mußten, ohne zu klagen.

Die ersten Jahre, nachdem wir ins Land gekommen waren, verbrachten wir in Haifa. Zeev und ich teilten mit Mutter ein gemietetes Zimmer. Wir beide fanden eine Anstellung, und Mutter buk Kuchen, um ein Zubrot zu verdienen. Wir lebten zufrieden in diesem Zimmer, Besitz hatten wir beinahe keinen. Die einzigen Dinge, die wir aus Europa mitgebracht hatten, waren ein paar getragene Kleidungsstücke, die unsere Verwandten uns aus Amerika geschickt hatten, das Bild, das uns von Axel Benz zur Hochzeit geschenkt worden war, und die Decke mit den Blutflecken, die mir der Koch auf dem Schiff gegeben hatte. Aber wir brauchten nicht viel. Wir waren so dankbar, am Leben zu sein, daß wir kaum Ansprüche hatten.

Früher hatte meine Mutter unser Zuhause mit hübschen Sachen verschönert, aber kein einziges Stück davon war in unserem Besitz geblieben. Sie war nie bitter wegen dieses Verlusts, aber sie blieb bis an ihr Lebensende die Dame, die sie in Frankfurt gewesen war, mit erlesenem

Geschmack gekleidet und würdevoll im Auftreten. Sie las immer viel und war wohlinformiert über kulturelle Dinge, politische Diskussionen und aktuelle Ereignisse. Sie nahm sogar das Klavierspielen wieder auf, sobald wir uns ein Instrument leisten konnten. Meine Söhne liebten und bewunderten sie, sie fühlten sich wohl mit ihr und waren stolz auf ihre Großmutter.

Wegen der engen Bindung, die sich im Getto und in den Lagern zwischen uns gebildet hatte, standen wir einander so nahe, wie man es sich überhaupt nur vorstellen kann. Wir verstanden uns vollkommen. Ich konnte offen mit ihr sprechen und bekam vernünftige Ratschläge von ihr. Bis zuletzt blieb sie wach und aufgeschlossen für alles. Leider konnte sie sich in ihren letzten Jahren nicht mehr ungehindert bewegen, da sich ihr Hüftgelenk, das sie sich bei einem Sturz gebrochen hatte, auch noch entzündete. Danach mußte sie eine Gehhilfe benutzen, aber sie trug auch diese schmerzhafte Behinderung mit der ihr eigenen Tapferkeit.

Mutter klagte nie, und auch Zeev und ich taten es nicht. Wir arbeiteten alle sehr hart und kamen mit wenig aus. Wichtig war uns vor allem, daß wir zusammen in unserer neuen Heimat waren. Allerdings waren für Mutter und mich die Spannungen und Gefahren des Unabhängigkeitskrieges nicht leicht zu ertragen. Sie machte sich immer große Sorgen um uns, aber auch diese trug sie mit Tapferkeit. Einmal allerdings ging in der Innenstadt von Haifa, nicht weit von dort, wo Zeev und ich arbeiteten, eine Bombe hoch. Die Detonation versetzte uns in die Zeit zurück, als die Russen Stutthof beschossen hatten. Meine Mutter war außer sich. Sie konnte die Vorstellung nicht ertragen, daß ich einem solchen Bombenanschlag zum Opfer fallen könnte, und so erklärte ich mich bereit, mir eine Arbeitsstelle in größerer Nähe unseres Zuhauses zu suchen, wo es nicht so häufig zu Terrorakten kam.

Zeev und ich waren beide während des Unabhängigkeitskrieges bei der Armee. Ich arbeitete in einem Militärlager als Labortechnikerin, wo ich Blutproben von Einberufenen untersuchte, und Zeev war Soldat. Tagsüber hielt ich mich aufrecht, aber nachts hatte ich grauenvolle Alpträume. Die Nächte sind immer die schwierigste Zeit für Holocaust-Überlebende. Dann kehren die Erinnerungen zurück, und nichts hält ihren Strom auf. Einmal, während des Unabhängigkeitskrieges, legte ich mich im Militärlager schlafen und wachte mitten in der Nacht entsetzt auf: Ich hatte geträumt, ich sei wieder im Arbeitslager bei Torun. Die Kapos wollten mich gerade hinausschleppen und verprügeln. Mein Bein war infiziert. Ich schrie auf deutsch und jiddisch um Hilfe und weckte damit alle anderen auf. Es dauerte lange, bis sie mich beruhigen und mir bewußt machen konnten, daß ich in Israel und in Sicherheit war.

Als wir noch in Haifa lebten, geschah es oft, daß ich aufs Meer hinausblickte und an meine zwei Seereisen dachte: an unsere freudenerfüllte Fahrt nach Israel, als ich endlich wieder lächeln konnte, und an den griechischen Kapitän, der zu mir und meiner Familie so freundlich gewesen war, und an die schreckliche Fahrt in der Ostsee, als ich jeden Tag erwartet hatte, sie würden meine Mutter und mich wie die anderen halbtoten »Muselmanen« ins eisige Wasser werfen. Ich schaute hinaus auf das sonnenbestrahlte Mittelmeer, sah aber nichts anderes als das eiskalte Wasser, die Wellen um unser sinkendes Schiff, und beinahe hätte ich wieder »Schema Israel« geschrien. Dann stampfte ich mit den Füßen auf den Boden, um mir bewußt zu machen, daß ich gerettet worden, daß ich in Israel war.

Nachdem der Unabhängigkeitskrieg vorüber war, war es mein dringendster Wunsch, Kinder zu bekommen, aber ich litt noch immer an Tuberkulose. Ja, in meiner Lunge hatten sich sogar neue Entzündungsherde gebildet. Man erklärte mir, daß ich nicht gebären könnte. Ich war untröstlich, aber ich wollte mich mit dem Bescheid nicht abfinden.

»Warum nicht?« fragte ich die Ärzte. »Wer wäre gefährdet, ich oder die Kinder?« Als ich erfuhr, daß es nicht für die Babys, sondern für mich gefährlich wäre, beschloß ich, es darauf ankommen zu lassen. Für mich lohnte sich das Risiko. Mein erster Sohn Doron, sein Name bedeutet »Geschenk«, kam 1951 zur Welt. Der Gynäkologe, der mich von Doron entband, kannte Zeev gut aus Dachau, und nur seiner hingebungsvollen Fürsorge war es zu verdanken, daß ich eine normale Geburt ohne Kaiserschnitt hatte, so daß ich später noch zwei weitere Kinder, meine Söhne Oded und Gili, bekommen konnte.

Zeev und ich bemühten uns, unsere Kinder nicht im Schatten des Holocaust heranwachsen zu lassen. Sie wissen, daß wir Überlebende sind, aber wir haben sie nie mit all den grauenhaften Einzelheiten belastet. Das soll allerdings nicht heißen, daß ich mich jemals in irgendeiner Weise dafür geschämt hätte, zu den Holocaust-Überlebenden zu gehören. Im Gegenteil, ich war immer stolz darauf, daß ich den Weg durch diese Hölle geschafft habe.

Mir ging es vor allem darum, unseren Söhnen eine normale Mutter zu sein, die ihnen Halt gibt. Ich wollte, daß sie ihren Vater und mich als Menschen bewundern, nicht als Opfer bemitleiden. Außerdem ließ ich die Jungen nie merken, daß meine Schulausbildung unterbrochen worden war. Ich las immer sehr viel und eignete mir mehr als genug Allgemeinwissen an, um ihre Hausaufgaben mit ihnen besprechen und ihnen Hilfe anbieten zu können, wenn sie sie brauchten. Ich arbeitete viele Jahre als Labortechnikerin in verschiedenen Krankenhäusern, belegte in dieser Zeit auch Kurse und erwarb den einem Bachelor of Science entsprechenden Grad in Mikrobiologie.

Während der ersten Jahre war Israel ganz anders als

heute. Wir besaßen damals nichts, aber wir waren zufrieden. Der Materialismus hat unsere Gesellschaft in Schwierigkeiten gebracht. Heute ist der Lebensstandard ziemlich hoch, aber die Menschen sind dennoch unzufrieden. Vielleicht gibt es in Israel zuviel Freiheit. Manchmal denke ich, daß die jungen Leute überall verwöhnt sind. Wenn die erste Kleinigkeit mißglückt, geben sie auf. Ich weiß nicht, woher wir Holocaust-Überlebenden die Kraft nahmen weiterzumachen. Was mich selbst betrifft, glaube ich, daß ich sie aus den Wertmaßstäben beziehe, nach denen meine Eltern lebten, als ich ein Kind war.

Ich bin nie zum strengen, orthodoxen Judaismus meiner Jugend zurückgekehrt. Vielleicht verlor ich meinen Glauben, als Vater ermordet wurde. Ich zweifelte an Gott, weil Er zuließ, daß ein so guter, frommer Mensch umgebracht wurde, als er unschuldige Kinder zu retten versuchte. Ich suchte nach Gott, und oft war Er nicht da, obwohl ich das Gefühl hatte, daß Gott manchmal meine Gebete doch erhörte, wie damals auf dem Schiff in der Ostsee oder als meine Mutter nach dem Krieg wie durch ein Wunder von der Ruhr genas.

Während der Verfolgung fand ich Stärkung in einem Motto, das ich mir oft auf deutsch vorsagte: »Ein Schlag zu meiner Rechten, ein Schlag zu meiner Linken, nur triff mich nicht.« Es gab mir Mut, und wenn ich stark genug war, konnte ich auch die Menschen um mich herum so beeinflussen, daß sie stark blieben. Wir mußten den Deutschen zeigen, daß wir stark waren. Daß wir nicht erliegen würden. Oft und oft dachten wir: das ist jetzt das Ende. Aber es war doch nicht das Ende.

Die Überlebenschancen waren so minimal, und das System war von einer solch mörderischen Grausamkeit, daß jeder Mensch, der durchkam, nur durch ein Wunder überlebte. Aber es war nicht nur ein Wunder, das von außen kam. Ich glaube, dieses Wunder mußte im Opfer selbst irgendeiner unglaublichen Kraftreserve begegnen, die, bildlich ausgedrückt, das Wunder erkennen und sich mit ihm verbünden konnte. Um am Leben zu bleiben, bis die Erlösung kam, mußten wir die Verzweiflung niederkämpfen. Ich war immer voll Zorn auf die Welt, weil sie schwieg. Wie konnte es sein, daß so entsetzlich lange niemand kam, um uns zu retten?

Ein Teil meines Ichs sagt: »Streiche diese Jahre aus deinem Leben! Du solltest nicht darüber sprechen. Du mußt in der Gegenwart, für die Zukunft leben.« Dieser Teil meines Ichs möchte die Erinnerungen abschütteln, vor ihnen davonlaufen. Aber ich laufe nicht davon, denn ein anderer Teil von mir sagt, man dürfe nicht vor der Vergangenheit fliehen, es wäre eine Kränkung für die Erinnerung an andere Menschen, die gelitten haben, und an die große Mehrzahl der Opfer, die nicht überlebt hat. Aus diesem Grund habe ich am Gedenktag Holocaust Memorial Day oft vor Gruppen israelischer Schulkinder gesprochen. Für mich ist es erschöpfend und schmerzlich, mich vor eine Gruppe hinzustellen und mein Leid bloßzulegen. Während ich spreche, sehe ich nicht mehr diese jungen Menschen vor mir. Ich sehe das Getto und die Lager, ich sehe die »Muselmanen« und die Leichen, und wieder erfüllt mich die ganze Angst dieser Jahre. So sehr mich das auch mitnimmt, werde ich es doch weiterhin tun. Ich empfinde es als eine Pflicht, die Geschichte des Holocaust an die jüngere Generation weiterzugeben, so lange noch Überlebende da sind, die sie erzählen können.

Vor ein paar Jahren fand in Jerusalem ein Treffen von Holocaust-Überlebenden statt. Ich hatte vorher davon gehört, aber gedacht, es würde mich nicht interessieren. Ich beschloß, nicht daran teilzunehmen. Doch irgend etwas zog mich machtvoll hin. Als ich dort war, konnte ich gar nicht anders als bleiben. Nichts hätte mich davon wegreißen können. Schließlich nahm ich drei volle Tage an der Konferenz teil, an denen ich kaum nach Hause ging.

Viel Zeit verbrachte ich damit, die anderen Überlebenden einfach nur anzusehen. Ich sah Menschen normal und aufrecht gehend hereinkommen, aber kaum hatten sie den Raum betreten, nahmen sie eine gekrümmte, gequälte Haltung an. Der Rücken bog sich nach vorne, sie zogen die Arme unbeholfen nach oben, und sie begannen zu hinken. Sie hielten die Köpfe bizarr vom Rumpf abgewinkelt. Sie wurden wieder zu dem, was sie vierzig Jahre vorher gewesen waren.

Für jedes Getto und Konzentrationslager waren Schilder aufgestellt, und daneben lagen Listen von Überlebenden. Wir versammelten uns unter den Schildern und suchten nach den Namen von Menschen, die wir gekannt hatten. Ich erkannte niemanden von den Leuten aus dem Getto von Kowno oder aus Stutthof, die zu dem Treffen gekommen waren, fand aber immerhin die Namen einiger Mädchen, die vor dem Krieg in meiner Schulklasse in Kowno gewesen waren. Sie lebten in Australien. Ich sagte stumm zu mir: »Gott sei Dank, sie sind am Leben«, aber da ich ihre Adressen nicht herausbekam, konnte ich ihnen nicht schreiben.

Viele Holocaust-Überlebende leiden unter schweren psychischen Störungen, ich selbst »nur« unter Schlaflosigkeit. Es ist nicht so, daß ich permanent Alpträume hätte – ich kann einfach nicht schlafen. Im täglichen Leben halte ich mich gut, aber wenn eine Krise eintritt, und das Leben in Israel war und ist reich an Krisen, sage ich zu mir: »Ich kann nicht weiter.« Während des Jom-Kippur-Kriegs wurden mein Mann und meine beiden älteren Söhne zum Wehrdienst verpflichtet. Ich meldete mich freiwillig zur Arbeit in Krankenhäusern, strickte Wollmützen für Soldaten, besuchte Familien von Verwundeten und Hinterbliebene – und während dieser ganzen

Zeit fühlte ich mich selbst am Rande des Zusammenbruchs. Mein Sohn Oded, der beim Panzerkorps stand, nahm an einer der blutigsten Schlachten des Krieges teil, und das Wissen, daß er in so großer Gefahr schwebte, erzeugte eine Anspannung, die ich beinahe nicht zu ertragen vermochte. Als ich erfuhr, daß er heil durchgekommen war, war das für mich, als hätte ich die Lager noch einmal überlebt.

Ich bringe es nicht über mich, auf Friedhöfe zu gehen, außer um das Grab meiner Mutter zu besuchen, was ich jeden Freitag tue. Jedesmal sehe ich dann die Haufen der ausgemergelten Leichen in Stutthof, die Leichen von befreundeten Menschen, die einen entsetzlichen Tod gestorben waren. Fast noch schlimmer als ihr Tod selbst war die Entwürdigung davor und danach. Die Deutschen behandelten uns wie Ungeziefer, bevor sie uns umbrachten, und wie Müll, nachdem wir tot waren. Aber wir waren Menschen. Und Menschen verdienen Respekt.

Eine Möglichkeit der Reaktion auf diese Entwürdigung hätte darin bestanden – was viele getan haben –, aus meiner Eigenschaft als Holocaust-Überlebende einen »Beruf« zu machen. Ich hätte mein Leben der Aufgabe, Vorträge über den Holocaust zu halten und Gedenkprojekte ins Leben zu rufen, weihen können. Wie erwähnt, habe ich oft vor Gruppen von Schulkindern über meine Erlebnisse gesprochen, und ich habe auch dieses Buch geschrieben, weil ich möchte, daß die Menschen die Grausamkeiten nicht vergessen, welche die Nazis den Juden angetan haben.

Die Erinnerungsarbeit ist ohne Zweifel überaus wichtig, und ich möchte in keiner Weise den Eindruck erwekken, als empfände ich nicht Hochachtung für den Einsatz jener, die Yad-Vashem in Jerusalem und ähnliche Gedenkstätten in Israel wie im Ausland errichtet haben. Hätten sie sich nicht ans Werk gemacht, Dokumente zusammenzutragen, Museen zu gründen und Unterrichtsprogramme zu gestalten, wäre das jüdische Volk vielleicht in die Versuchung geraten, den Holocaust ins Vergessen gleiten zu lassen. Wenn wir Juden den Holocaust vergessen hätten, hätten Nichtjuden nur zu gern die Gelegenheit ergriffen, diese Geschehnisse zu verdrängen, und die furchtbare Wunde, die uns zugefügt wurde und vermutlich nie ganz heilen wird, hätte in schmachvollem Dunkel weitergeschwärt, ein böses Geheimnis im Herzen der Menschheit, das neues Böses erzeugt. Aber für mich wäre es nicht das Richtige gewesen, mich ganz der Aufgabe einer Sprecherin für die Opfer des Holocaust zu widmen. Das entspricht meinem Charakter nicht. Konkretes soziales Engagement liegt mir viel näher.

Man könnte sagen, nicht wirklich »normal« bin ich nur insofern, als ich fast meine ganze Zeit Freiwilligen-Projekten widme. Aus dem, was meine Angehörigen und ich durchgemacht haben, ziehe ich persönlich die Folgerung, daß wir alle uns selbstlos darum bemühen müssen, anderen Menschen zu helfen. Vielleicht hat es seinen Ursprung in der absoluten Erniedrigung menschlicher Würde, deren Zeuge ich wurde, daß ich mich heute als Freiwillige dafür einsetze, Leuten dabei zu helfen, etwas aus sich zu machen.

Ich begann mit dieser Arbeit in den frühen fünfziger Jahren, aber damals, als junge Ehefrau und Mutter, hatte ich nicht die Zeit, mich größeren Projekten zu widmen. Ich war voll damit ausgelastet, meine zwei älteren Söhne zu betreuen, mich um drei Teilzeitjobs zu kümmern (bis ich schließlich eine ganztägige Anstellung bekam), um etwas dazuzuverdienen, das Haus zu besorgen und die Ausbildung nachzuholen, die mir als Mädchen entgangen war. Man darf nicht vergessen, daß Zeev und ich bei Null anfingen, ohne ererbtes oder erspartes Geld, auf das wir hätten zurückgreifen können, und daß auch der Staat Israel beinahe mit nichts vor dem Aufbau stand – bei enormen sozialen Bedürfnissen und herzlich wenig Mittel und Personal, um sie zu befriedigen.

Nach unserer Übersiedlung nach Jerusalem im Jahr 1957 – ich war damals mit meinem dritten Sohn schwanger – beteiligte ich mich an einem Hilfsprogramm der B'nai-B'rith-Organisation für Einwanderer aus orientalischen Ländern. Es war geplant, daß fünfzig Frauen jeweils eine Familie in einem Stadtviertel von Jerusalem, Romema, »adoptieren« sollten. Die sozialen Probleme dort waren von verzweifelter Dringlichkeit. Diese Menschen waren aus sehr rückständigen Gebieten im Nahen Osten wie Kurdistan und aus dem ländlichen Nordafrika nach Israel gekommen. Viele von ihnen, namentlich die Frauen, waren Analphabeten, und die Männer verfügten nicht über die erforderlichen Fertigkeiten, um gut bezahlte Stellungen in einer modernen Wirtschaft wie der israelischen zu bekommen.

Sie hatten in der Regel eine enorme Nachkommenschaft, in vielen Fällen nicht weniger als dreizehn oder vierzehn Kinder. So sehr sie diese auch liebten, waren sie jedoch nicht imstande, ihnen zu dem Start zu verhelfen, den sie für einen Aufstieg in die israelische Gesellschaft so dringend brauchten.

Ich stellte sofort fest, daß ich in vielem helfen konnte. Keiner von diesen Menschen war buchstäblich am Verhungern, aber viele von ihnen hatten nicht gelernt, richtigen Gebrauch von den üblichen, ihnen aber nicht vertrauten israelischen Nahrungsmitteln zu machen. Und sie verstanden auch nicht, so ökonomisch zu wirtschaften, daß sie sich gesundes Essen leisten konnten. Ich begann damit, die Frauen bei der Planung ihrer Familienkost und ihrer Ausgaben dafür zu beraten, und in vielen Fällen sorgte ich dafür, daß sie zum Sabbat und an Feiertagen Fleisch oder Hühnchen bekamen.

Vielen dieser Familien fehlten die elementarsten Dinge: Betten, Bettzeug, Kerosin-Kochplatten und Kleidung. Ich begann, Geschäfte und Firmen abzuklappern, und konnte die Leute zu Spenden bewegen. Auch unter meinen Freunden startete ich eine Sammelaktion, um Kleidungsstücke zu beschaffen. Wenn ich von einer Sache überzeugt bin, gelingt es mir oft, auch andere Leute dafür zu gewinnen.

Die Menschen in Romema waren außergewöhnlich warmherzig, sie gingen aus sich heraus, und ich fühlte mich ihnen schon bald sehr verbunden. In gewisser Weise ist es merkwürdig, daß ein Mensch mit meiner Vergangenheit, aus einer bürgerlichen, europäischen Familie, der die Grauen des Gettos und der Lager durchgemacht hatte, sich so leicht tat, Kontakt zu diesen aus so ganz anderen Gegenden stammenden Menschen aufzunehmen.

Vielleicht ist die Erklärung darin zu finden, daß ich gegenüber den Familien in Romema nie eine gönnerhafte Haltung eingenommen habe. Ich versuchte auch nicht, die Distanz zwischen uns künstlich zu verkleinern, indem ich mich anders gab, als ich wirklich war. Und ebensowenig versuchte ich, diese Familien zu zwingen, sich anders darzustellen, als sie waren, und ich weiß, daß meine echte Anteilnahme an ihrer Notlage trotz der Unterschiede, die uns voneinander trennten, zu spüren war.

Schon bald war es soweit, daß ich jede freie Stunde diesem Projekt widmete. Die Probleme waren so gewaltig, daß ich einfach nicht daran vorbeigehen konnte. Gleich nach der Arbeit ging ich in Romema von Haus zu Haus, um festzustellen, was die Menschen brauchten. Danach bemühte ich mich darum, daß andere Leute mir halfen, diese Bedürfnisse zu befriedigen.

Während ich mich immer mehr mit meinen »Adoptivfamilien« beschäftigte, stiegen die anderen Frauen, die ursprünglich mit mir zusammengearbeitet hatten, nach und nach aus dem Projekt aus. Sie erkannten, daß an einen Erfolg nur zu denken war, wenn man wie ich arbeitete, Tag und Nacht, unermüdlich. Sie hatten einfach nicht das gleiche Engagement. »Wir sind doch keine Sozialarbeiterinnen«, protestierten sie. Je mehr ihre Bereitschaft erlahmte, desto eifriger machte ich weiter, weil ich die Not der Menschen einfach nicht ignorieren konnte.

Ein solches Projekt kann nur gelingen, wenn es gut organisiert und in einem großen Maßstab angelegt ist. Individuelle Bemühungen mögen zwar persönlich lohnend sein, aber sie berühren die Probleme nur an der Oberfläche. Nachdem ich einige Jahre für B'nai-B'rith gearbeitet hatte, beschloß ich, das Projekt Romema auf eigene Beine zu stellen.

Als erstes mußten wir uns, wie gesagt, um einige der elementarsten materiellen Bedürfnisse dieser Leute kümmern. Das war keine einfache Aufgabe. Viele von ihnen hausten in Lifta, einem von den früheren arabischen Bewohnern aufgegebenen Dorf am Fuß eines steilen Felsens an der Zufahrt zu Jerusalem, wo die Straßen nicht gepflastert waren und die meisten Häuser keine eingebauten Toiletten hatten. Dort lebte zum Beispiel eine »meiner« Familien, und fließendes Wasser gab es im ganzen Haus nur in der Küche. Die gesamte Familie, zwölf Leute, mußte sich an diesem einen Becken waschen. Das Familienoberhaupt war ein Bauarbeiter, aber er konnte sich Zement, Schamottsteine, Fliesen und Installationsteile einfach nicht leisten, um damit für seine Familie ein Bad einzubauen. Zeev und mir gelang es, jemanden ausfindig zu machen, der das Material spendete, und wir halfen dem Mann, das dringend benötigte Bad einzurichten. Das ist nur eines von vielen Beispielen. Diese Leute hätten sich gerne selbst geholfen und besaßen auch das notwendige Können, aber sie hatten nicht das Material, um sich an die Arbeit machen zu können. Sobald sie über das Material verfügten, machten sie rasche Fortschritte.

Ein anderer ganz wichtiger Punkt war die Ausbildung.

Wenn die Kinder aus diesen Familien in der Schule keine guten Leistungen erbrachten, konnten sie nie aus dem Teufelskreis von Armut und Benachteiligung ausbrechen. Aber die Ausbildung war ein Bereich, in dem die Eltern ihren Kindern nur wenig helfen konnten. Sie hatten selbst kaum einen geregelten Unterricht erhalten, und sie kannten sich mit den einschlägigen Institutionen nicht aus. In zahlreichen Fällen hatten sie auch nicht genug Geld für Schulbücher, ganz zu schweigen von den anderen Büchern, die ein Kind im Haus braucht, um sich eine gewisse Allgemeinbildung anzueignen – Nachschlagewerke, Atlanten, Wörterbücher sowie Bücher, die man zum Vergnügen liest.

Um dieses Problem zu lösen, sammelte ich Geld und hinterlegte es bei einer Buchhandlung in der Innenstadt, so daß sich sämtliche Kinder auf meiner Liste (mehr als dreihundert) die notwendigen Lehrbücher besorgen konnten – zwar gebraucht, aber auf dem neuesten Stand. Ich ließ sie auch alle ins Leserverzeichnis der städtischen Bibliothek eintragen.

Dann mußte ich dafür sorgen, daß die Kinder die Bücher auch lasen. Ich verlangte von ihnen, jede Woche ein Buch aus der Bibliothek zu holen und mir Berichte über das von ihnen Gelesene vorzulegen. Außerdem machte ich es mir zur Gewohnheit, von Haus zu Haus zu gehen und dafür zu sorgen, daß die Kinder ihre Hausaufgaben machten. So oft ich konnte, machte ich einen Besuch in den Schulen, um zu sehen, ob meine Schützlinge ihre Sache gut machten, und ich ging auch mit den Müttern zu Elternversammlungen, um ihnen zu Kontakten mit den Lehrern zu verhelfen und festzustellen, wie ihre Kinder im Unterricht vorankamen. Schließlich brachte ich die älteren Kinder dazu, den kleineren Nachhilfeunterricht zu geben. Meine Überzeugung war, daß Leute, denen geholfen wurde, sofort anfangen sollten, ihrerseits andere zu unterstützen.

Trotz aller speziellen Förderung aber schnitten die Kinder aus Romema bei standardisierten Intelligenztests nach wie vor schlecht ab, und an den Gymnasien zögerte man, sie aufzunehmen. Ich mußte mit Gymnasialdirektoren verhandeln, um sie zu bewegen, das Risiko einzugehen. Ich versprach, daß ich persönlich den Kindern zur Seite stehen würde und darf mit Stolz sagen, daß sie in den meisten Fällen gute Leistungen erbrachten. Viele der Kinder aus den von mir »adoptierten« Familien haben die Gymnasien mit Erfolg hinter sich gebracht. Einige von ihnen haben an der Universität ihren »Bachelor of Arts« gemacht und auch höhere akademische Grade erworben.

Ich konnte allerdings nur Kindern helfen, die bereit und fähig waren, für sich selbst Verantwortung zu übernehmen. Romema ist ein Viertel mit gewaltigen sozialen Problemen, Kriminalität, Alkoholismus und Drogensucht, und ich konnte mich nur mit Kindern befassen, welche die innere Stärke besaßen, diesen Geißeln aus dem Weg zu gehen.

Es gibt Familien, in denen manche Kinder straffällig werden, andere hingegen lassen sich nichts zuschulden kommen und sind ehrgeizig. Wenn ich sehe, daß ein Kind sich wirklich bemüht, unterstütze ich es mit all meinen Kräften. Zum Beispiel wollte ein Junge, eines von acht Kindern, unbedingt Ingenieur werden. Das war sein Traum. Seine Geschwister hatten alle die Schule abgebrochen und waren straffällig geworden, er aber war aufgeweckt und fleißig. Ich lotste ihn durch die Grundschule und half ihm, daß er in ein ausgezeichnetes Internat aufgenommen wurde, wo die Kinder eine erstklassige naturwissenschaftliche Ausbildung erhielten. Allerdings war das Schulgeld sehr hoch, und das Internat hatte nur wenig Mittel, um Stipendien zu gewähren. Ich strengte mich besonders an, in meinem Freundeskreis Spenden zu sammeln. Der betreffende Junge schloß die

Schule ab und nahm anschließend das Ingenieurstudium auf. Ich könnte Dutzende solcher Erfolgsstorys erzählen, von jungen Menschen, welche die Hilfe, die ich ihnen bot, zur Selbsthilfe nutzten und später anderen halfen.

Es vergeht kaum ein Tag, an dem ich nicht einem der jungen Menschen begegne, die ich als Kinder armer Leute kannte. Hin und wieder kommt es vor, daß ein Polizist sieht, wie ich meinen Wagen parke, und sagt: »Erinnern Sie sich an mich, Trudi? Ich werde Ihr Auto im Auge behalten.« Einmal ließ es sich eines »meiner« Kinder, ein Junge, aus dem ein sehr würdevoller Kellner im Café eines Nobelhotels geworden war, nicht nehmen, mich mit Kaffee und Kuchen zu bewirten. Ich habe vom israelischen Staatspräsidenten eine Auszeichnung für hervorragende Leistungen in der Freiwilligenarbeit erhalten, aber das für mich bei weitem erfreulichste Resultat meiner Arbeit ist der Erfolg dieser jungen Menschen.

In den späten siebziger Jahren bot sich meinem Mann und mir die Gelegenheit, ein paar Jahre lang in Paris zu leben, und so traten wir die Reise nach Europa an. Ich hatte von Anfang an gemischte Gefühle, was den Parisaufenthalt betraf, da meine Mutter und unsere beiden älteren Söhne in Israel zurückblieben. Unser Ältester war bereits verheiratet, und der zweite Sohn studierte. Ich machte mir auch große Sorgen um meine Familien in Romema. Wer würde sich um sie kümmern, während ich im Ausland war?

Ungefähr das erste halbe Jahr war ich dann tatsächlich so sehr in Unruhe, daß ich mich an unserem Parisaufenthalt kaum erfreuen konnte. Meine Söhne kamen natürlich gut zurecht, aber von den Familien aus Romema trafen jeden Tag Briefe ein. Sie hatten ein Problem nach dem anderen. Ich tat von Paris aus, was ich konnte, schrieb an Schuldirektoren und andere Amtspersonen, aber ich wußte, das genügte nicht. Ich wollte ihnen unbedingt weiterhin helfen, selbst aus der Ferne.

Da kamen mir zwei Ideen.

Ich wußte, daß viele französische Juden selbst aus Nordafrika und dem Nahen Osten stammten, und es gelang mir, fünfzig sephardische Familien, keineswegs wohlhabende Leute, dazu zu bewegen, daß sie Familien bei uns zu Hause in Jerusalem unterstützten. Sie begannen zu korrespondieren, schickten Geld und gebrauchte Kleidung und besuchten die Familien, wenn sie Reisen nach Israel machten; diese Verbindungen bestehen inzwischen schon seit mehr als zehn Jahren.

Meine zweite Idee hat sich zu einem ungleich anspruchsvolleren Projekt ausgewachsen. Während meiner Arbeit mit den mittellosen Familien in Jerusalem hatte ich schon bald festgestellt, daß eine Zahnbehandlung ihre Möglichkeiten hoffnungslos überstieg und daß sie sämtliche schlechten Angewohnheiten hatten: Sie gaben ihren Kindern als Entschädigung für ihr karges Leben zu viele Süßigkeiten, und sie hielten ihren Nachwuchs nicht an, sich die Zähne zu putzen, geschweige denn, nach jeder Mahlzeit. Weder das Gesundheitsministerium noch die Krankenversicherungen des Landes konnten Mittel für die Zahnbehandlung bereitstellen, und so verfaulten die Zähne einfach in den Mündern.

Die einzige Hoffnung waren Zahnärzte, die sich unentgeltlich zur Verfügung stellten. Aber welche? Und wie? Ich wußte, daß israelische Zahnärzte, verpflichtet, jedes Jahr mindestens einen Monat bei der Armee zu verbringen, dazu keine Möglichkeit hätten, aber warum nicht im Ausland Zahnärzte als Freiwillige anwerben?

Ich begann, mit verschiedenen Leuten über meine Idee zu sprechen, und bereits nach ein, zwei Monaten hatte ich zehn Freiwillige aus Frankreich für mein Projekt gewonnen. Diese Zahnärzte erklärten sich bereit, im Sommer 1979 nach Jerusalem zu fahren und dort zu arbeiten. Aber wo? Mein nächstes Problem bestand darin, ein Quartier für die Klinik zu finden und die notwendige Ausrüstung zu beschaffen und installieren zu lassen. Um es kurz zu machen: Ich reiste Ende 1978 rasch nach Hause, um einen gemeinnützigen Verein zu gründen, der meine Zahnklinik verwalten sollte. Dazu mietete ich ein altes Haus und ließ es renovieren. Nach Frankreich zurückgekehrt, konnte ich einen Produzenten von Zahnärztebedarf bewegen, zwanzig Tonnen erstklassiger Apparaturen für die Klinik zu stiften. Dann überredete ich die Leute bei der israelischen Reederei Zim, sie kostenfrei nach Israel zu transportieren. Schon im darauffolgenden Sommer war die Klinik in Betrieb.

Seitdem haben wir den Kreis gratis arbeitender Ärzte ständig erweitern können. Heute arbeiten neunhundert Zahnärzte, die die Reise nach Israel selbst bezahlen, je zwei Wochen in unserer Klinik, manche jedes Jahr, einige sogar noch öfter. Die Patienten werden uns vom Fürsorgeamt zugewiesen, und natürlich kümmern wir uns sowohl um jüdische wie auch arabische Kinder. Als Voraussetzung dafür, daß sie behandelt werden, verlangen wir von ihnen, daß sie an Zahnhygiene-Kursen teilnehmen. Inzwischen sind Tausende von Kindern durch unsere Klinik gegangen.

Mit vielem anderem noch bin ich beschäftigt außer der Zahnklinik und dem Projekt in Romema, das während dieser ganzen Zeit fortgeführt wurde. Ein Psychologe würde vielleicht sagen, auf diese Weise versuchte ich, die schrecklichen Grausamkeiten zu vergessen, die mir in meinen Mädchenjahren angetan worden waren. Aber ich würde darauf antworten: »Wer kann das vergessen?« Ich kann nicht vergessen, nicht einen Augenblick lang, und wenn meine Tage noch so mit Spendensammeln, Public Relations, Verwaltungsdetails und Konferenzen ausgefüllt sind.

Jeden Tag erinnert mich irgend etwas an den Holocaust. Im allgemeinen gelingt es mir, mich zu kontrollieren. Das heißt, ich bin imstande, mein Verhalten zu steuern, nicht aber die Bilder, die meine Gedankenwelt beherrschen, Bilder aus der Vergangenheit, die mich verfolgen. In Träumen und Tagträumen sehe ich oft das Lazarett vor mir. Sie können aufsteigen, wenn ich eine öffentliche Toilette benutze. Plötzlich sehe ich mich, wie ich auf Händen und Knien die schmutzigen Toiletten im Lazarett putze. Hin und wieder fällt mein Blick auf Axel Benz' Bild, das in unserem Wohnzimmer in Jerusalem hängt, und dann denke ich an diesen einzigen guten Menschen unter all unseren Feinden zurück. Ich empfinde noch heute tiefe Dankbarkeit dafür, daß er mir unter so großer Gefahr für sich selbst seine Uhr geschenkt hat. Mehr als einmal blickte ich, während Zeev und ich unseren Wagen vor einem Konzertbesuch parkten, an den Schornsteinen des Hilton Hotels hinauf, das neben dem Konzerthaus steht, und konnte an nichts anderes denken als an das Krematorium in Stutthof. Danach nahm ich von der Musik nichts mehr wahr. In meinen Ohren gellten die Angst- und Schreckensschreie.

Manchmal kann ich nicht einmal sagen, was den Strom der Erinnerungen auslöst. Zum Beispiel geht mir das Bild der Brücke ins Getto von Kowno nicht aus dem Sinn. Ich sehe die Massen von Menschen auf dieser Brücke, wie sie mühsam ihre Habseligkeiten hinüberschleppen. Wenn ich sie heute vor mir sehe, weiß ich, was für ein Schicksal sie erwartet. Ich möchte ihnen zurufen: »Laßt liegen und stehen, was euch gehört! Es wird euch nichts nützen! Sucht eine Möglichkeit zur Flucht, wenn es noch eine gibt! Lauft davon, sonst bringen euch die Deutschen um!«

Aber sie können meine Warnrufe nicht hören, und selbst wenn jemand auf der Brücke gestanden und uns gewarnt hätte, es wäre vergeblich gewesen. Im Sommer 1941, unter der deutschen Okkupation, gab es nichts, gar nichts, wohin ein Jude sich hätte wenden können.

Der Anblick einer Kartoffel erinnert mich jedesmal an

diese Zeit. Dann schmecke ich wieder diese wässerige Kartoffelschalensuppe mit den Sandkörnern darin, mit der wir in den Lagern »verpflegt« wurden. Wie froh ich war, wenn ein Stückchen Schale darin schwamm! Ich weiß noch, wie unglaublich glücklich ich mich schätzte, wenn ich auf einem Acker eine Kartoffel fand, selbst eine angefaulte – solange noch ein Stück daran genießbar war –, und es mir gelang, sie ins Getto zu schmuggeln. Ich spüre es auch, noch ehe es mir voll bewußt ist, wenn ich besonders unruhig bin, weil ich dann anfange, Unmengen an Brot zu kaufen und es zu horten. Ich kann mich noch immer nicht an die Vorstellung gewöhnen, daß man soviel Brot essen kann, wie man will. Und jedesmal, wenn mich mein Mann oder jemand anders fragt, auf welchem Weg wir nach Hause fahren sollen, werde ich wieder zu dem verängstigten kleinen Mädchen, das 1934 beinahe von Nazis erschossen worden wäre, weil es nach einem Sonntagspicknick im Taunus seinen Vater gebeten hatte, die landschaftlich schönere Strecke zu fahren.

Diese Erinnerungen sind so stark und so beklemmend, daß ich mich manchmal frage, welchen Sinn es haben soll, darüber zu sprechen. Kann es jemand, der es nicht selbst durchlebt hat, auch nur ansatzweise verstehen? Es hat mir eine gewisse Erleichterung verschafft, das vorliegende Buch zu schreiben, wenn es auch manchmal sehr schmerzlich war. Meine Erinnerungen waren sehr lebendig und stellten sich sofort ein, doch wenn ich begann, sie mit Details auszufüllen, stellte ich fest, daß ich viele schreckliche Ereignisse halb verdrängt hatte. Um des Buches willen mußte ich diese qualerfüllten Augenblicke noch einmal durchleben.

Einerlei, was geschieht, noch lange, nachdem der Leser das Buch zugeschlagen und es weggelegt hat, werde ich mit meinem Schmerz und meinem Kummer weiterleben. Wenn einem anderen Menschen solche Dinge zustoßen, ist das schrecklich. Aber wenn es einem selbst geschieht, bleibt einem der Schmerz für immer. Man ist damit allein. Nur ein anderer Mensch, der den Holocaust überlebt hat, kann jemals ganz erfassen, was uns widerfahren ist. Diese Erinnerungen sind nicht wie Kleidungsstücke, die man ablegen und in einem Schrank verwahren kann. Sie stecken tief in uns. Wir können uns nicht von ihnen befreien.

NACHWORT
von Jeffrey M. Green

Zwei Stimmen haben diese Geschichte erzählt: die Stimme von Trudi Birger und meine, die bis jetzt nicht hörbar sein sollte. Ich diente Trudi lediglich als eine Art Medium. Trudi Birger und ich unterhielten uns auf hebräisch, denn ich fand, daß sie so bequemer und ausdrucksstärker als auf englisch sprechen könnte. Bevor ich überhaupt ein Wort zu Papier brachte, trafen wir uns viele Monate lang, ein- oder zweimal in der Woche, und dabei erzählte mir Trudi ihre Geschichte. Wir benutzten kein Tonbandgerät. Ich machte mir ausführliche Notizen, anhand derer ich dann lange Fragelisten zusammenstellte.

Nachdem ich eine große Menge Material gesammelt und mich mit Trudis Geschichte so umfassend wie möglich vertraut gemacht hatte, begann ich zu schreiben, während wir zugleich unsere Sitzungen fortsetzten.

Trudi las dann die Kapitelentwürfe durch, machte Vorschläge, korrigierte Irrtümer und füllte Lücken. Danach schrieb ich eine neue Fassung, die sie wiederum überarbeitete. Diesen Prozeß wiederholten wir, bis wir beide zufrieden waren. Und währenddessen trafen wir uns regelmäßig, um unsere Gespräche fortzuführen.

Manche unserer Gespräche nahmen uns so sehr mit, daß wir erschöpft und mit Tränen in den Augen auseinandergingen. Es kam vor, daß ich Schuldgefühle bekam, denn ich mußte Trudi noch weiteren Schmerz bereiten, wenn ich ihr mit Fragen nach Details zusetzte. Dann wieder spürte ich manchmal, daß unsere Unterhaltungen ein großer Trost für sie waren. Die Auswirkung auf mich war von paradoxer Natur. Je näher ich Trudis Erlebnissen kam, um so weiter entfernten sie sich von mir, weil ich mir ständig bewußt war, welch ein Unterschied es ist, solche Schilderungen zu hören und all dies tatsächlich durchgemacht zu haben. Wenn ich eine Mahlzeit ausfallen lasse, bin ich schlecht gelaunt. Wie wäre es, müßte man jahrelang mit ständigen Hungergefühlen leben? Wenn eines meiner Kinder sich mit dem Nachhausekommen verspätet, bin ich in Sorge. Wie wäre einem zumute, wenn man sich ständig, jahrelang, Sorgen um seine Lieben machen müßte, weil man weiß, daß während dieser ganzen Zeit über ihrem Leben eine furchtbare Gefahr schwebt?

Außerdem entfremdeten mich die »handwerklichen« Probleme beim Schreiben häufig dem Gegenstand. Ich schrieb einen Satz mit einer furchtbaren Aussage nieder, wie beispielsweise »Two thousand children were shot by machine-guns that day« (»An diesem Tag wurden zweitausend Kinder mit Maschinengewehren erschossen«), mußte mich dann bremsen und sagte zu mir: »Augenblick, vermeide die Passiv-Form.« Ich formulierte also um in »The Nazis machine-gunned two thousand children that day«. Dann störte mich diese monströse Verbform »machine-gunned«. War es gerechtfertigt, einen Barbarismus zu verwenden, um einen Akt der Barbarei zu beschreiben? Schließlich, nachdem ich mich mit dem Satz herumgeschlagen hatte, bis ich fürs erste damit zufrieden war, hielt ich wieder inne und dachte über die Bedeutung der Worte »zweitausend Kinder« nach. Ich sah vor mir ein Riesengewimmel von zweitausend Kindern, die auf einem gigantischen Spielplatz umherrennen. Ich stellte mir den enormen Lärm vor, den zweitausend lebhafte Kinder veranstalten können. Ich dachte an die Liebe, die zweitausend Kinder wecken könnten, Mittelpunkt der Sorgen und Hoffnungen ihrer Eltern. Ich überlegte, daß zweitausend Kinder fünfhundertmal so viele waren wie meine eigenen vier geliebten Kinder. Dann fiel mir ein, daß die Nazis mehr als eine Million jüdischer Kinder umgebracht hatten, und wieder hielt ich beim Schreiben inne.

Wieder und wieder mußte ich meine gefühlsmäßigen Reaktionen auf den Gegenstand des Buches zügeln, um darüber schreiben zu können, obwohl es beim Schreiben meine Absicht war, im Leser diese emotionalen Impulse zu wecken.

Trudi ist stark von dem Gedanken erfüllt, den Opfern des Holocaust die Gerechtigkeit der Erinnerung widerfahren zu lassen. Sie fühlte sich deshalb verpflichtet, ihre Geschichte zu Papier zu bringen. Sie hat ein Gespür für die dramatische Unmittelbarkeit des von ihr Erlebten und ein anschauliches Bild von dem jungen Mädchen, das sich, bestärkt von der Liebe zu seiner Mutter, gegen eine furchtgebietende Übermacht zur Wehr setzt. In ihrem Leben sind diese Erinnerungen ständig Gegenwart. Sie sind so sehr ein Stück von ihr selbst geworden, daß sie sich ihnen nicht zu entziehen vermag. Ich habe mich bemüht, aus einer etwas distanzierteren Perspektive zu berichten.

Ich selbst bin glücklicherweise, was den Holocaust betrifft, nur Beobachter. Ich wurde an den sicheren Gestaden der Neuen Welt geboren, als der Zweite Weltkrieg sich seinem Ende näherte, und kein einziger meiner nächsten Verwandten war in Europa geblieben und zum Opfer der Nazis geworden. Der Holocaust ist auch nicht der Dreh- und Angelpunkt meines Denkens. Ich hatte zwar, bevor ich mit Trudi dieses Projekt in Angriff nahm, viel darüber gelesen, aber es war nur eines von zahlreichen Themen gewesen, denen mein Interesse galt.

Während ich Trudi half, ihre Geschichte zu erzählen, bemühte ich mich, ihre Intensität und ihren persönlichen Charakter zu erhalten, aber es war auch unser

Anliegen, über die subjektive Bedeutung hinauszugehen, die Trudis Erinnerungen für sie selbst haben.

Es wurde darauf verzichtet, das Buch mit Informationen aus anderer Lektüre und historischen Recherchen anzureichern. Nichts wäre leichter gewesen, aber es war nicht unsere Absicht, Fakten zu präsentieren, die für Historiker des Holocaust anderwärts zugänglich sind. Das vorliegende Buch beruht ausschließlich auf Trudi Birgers Erinnerungen, den Erinnerungen einer Frau, die während des Zweiten Weltkriegs ein Kind war. Es könnte sein, daß einige der Geschehnisse sich in Trudi Birgers Erinnerung etwas anders darstellen als in der anderer Holocaust-Überlebender oder daß sie in den Archiven und Museen anders dokumentiert sind. Ich habe hin und wieder ein Datum eingefügt, aber ihre Version der Ereignisse nie »verbessert«, um sie anderen publizierten Darstellungen anzupassen. Allerdings habe ich beim Schreiben historische Arbeiten zu Rate gezogen, um den Kontext von Trudis Geschichte zu verstehen, und ihr dazu häufig Fragen gestellt.

Noch einmal: In diesem Buch geht es nicht darum anzugeben, wie viele Menschen genau zu diesem oder jenem präzisen Datum ermordet wurden. Trudi hatte während des Krieges keinen Zugang zu solchen Fakten, und nach Kriegsende ging es ihr nicht darum, sich in das historische Studium des Holocaust zu vertiefen. Sie nahm ihr Leben wieder auf. Aber ihre Erinnerungen verfolgen sie noch immer – und das ist die Essenz ihres Berichts.

Es liegt auf der Hand, daß das Buch, das aus unserer gemeinsamen Arbeit entstanden ist, anders aussieht, als wenn ein anderer mit Trudi Birger zusammengearbeitet oder sie selbst es geschrieben hätte. Unsere gemeinsame Arbeit war, bedingt durch die Thematik, zwar bisweilen schwierig und quälend, alles in allem aber sehr erfreulich. Ich habe Trudi dabei achten und bewundern gelernt und sie sehr ins Herz geschlossen. Sie mußte mir großes Vertrauen entgegenbringen, das Vertrauen darauf, daß ich ihre Geschichte nicht verzerren und entstellen würde. Sie hat mich unter starken Druck gesetzt, zügig zu arbeiten und das Buch abzuschließen. Dies war der größte Reibungspunkt bei unserer Arbeit, denn Trudi Birger ist eine sehr starke Persönlichkeit, und es ist beinahe unmöglich, ihr etwas abzuschlagen.

Ich lernte Trudi Birgers Bruder Manfred und seine Frau Dita kennen, als sie zur Hochzeit von Trudis Sohn nach Israel kamen. Sie zeigten großes Interesse an Trudis Vorhaben, aber ich habe beide nie gebeten, aus ihrer Sicht Trudis Geschichte abzurunden. Trudis Ehemann Zeev zeigte sich verständnisvoll und hilfsbereit, aber er wollte sich an dem Projekt nicht beteiligen. Somit legt in diesem Buch allein sie Zeugnis von der Vergangenheit ab.

Bei meiner Arbeit mit Trudi war für mich das größte Rätsel, wie es ihr gelang, ihre Charakterstärke und Integrität zu bewahren. Wenn man über Holocaust-Überlebende liest, erscheint einem als die vielleicht schrecklichste Bürde, die sie tragen, ihr irrationales und unentrinnbares Schuldgefühl, weil sie am Leben blieben, während Hunderttausende ermordet wurden.

Ich glaube, einen Schlüssel für Trudis innere Stärke liefert die absolute Überzeugung von ihrer persönlichen Schuldlosigkeit, da sie während der Verfolgungszeit noch so jung war. Ein älterer Mensch erinnert sich vielleicht an irgendeine »unmoralische« Tat, die er unter dem Zwang der Umstände beging –, und ich setze das Wort »unmoralisch« bewußt zwischen Anführungszeichen. Denn jedes moralische Urteil, ausgesprochen von einem Menschen, der niemals Erfahrungen machen mußte, die auch nur annähernd Ähnlichkeit mit dem haben, was die Juden während der Verfolgungen durch die Nazis erdulden mußten, wäre Anmaßung, wenn nicht gar eine Schändung des Andenkens der Opfer. Vielleicht stahl jemand ein Stück Brot und trug so dazu bei, daß ein anderer Mensch verhungerte. Aber wer war für diese »Versorgung« verantwortlich? Vielleicht ließ sich ein Opfer mit einem Kapo ein, tat etwas »Unmoralisches«, um am Leben zu bleiben. Aber wer lieferte die Juden der Gewalt entarteter Sadisten aus? Als junges Mädchen durchlebte Trudi diese schrecklichen Qualen und brachte es fertig, sich den überzeugten Glauben an ihre eigene Schuldlosigkeit zu bewahren und so die Integrität ihres Charakters zu erhalten. Im Verlauf unserer Gespräche betonte sie immer wieder die Schuldlosigkeit der Juden. Ständig wiederholte sie, daß sie absolut nichts getan hätten, womit sie die Behandlung durch die Nazis und deren Helfershelfer verdient hatten, daß ihnen nicht die geringste Verantwortung für das aufgebürdet werden könne, was man ihnen angetan hatte.

Um sich in ein Opfer des Holocaust hineinversetzen, um verstehen zu können, was Trudi durchmachen mußte, muß man sich mehr vorstellen als diese Jahre, erfüllt von körperlichen Schmerzen, Hunger, Kälte, Erschöpfung, ständiger Angst, Trauer über den immer wieder neuen Verlust von Menschen, Heimat und materiellem Besitz, mehr als Entwürdigung, Schmutz, Demütigung, mehr als die erzwungene Nähe zu fremden Menschen, drangvolle Enge in den Quartieren, eine Existenz, unters Minimum reduziert. Man muß sich vor Augen halten, daß die Menschen, die den Holocaust überlebt haben, damals nicht wußten, daß sie durchkommen würden. Man muß verstehen, wie es in den Menschen aussieht, die heute noch diesen Erinnerungen ausgeliefert sind, denn schließlich ist es auch die Erinnerung, die unser Leben prägt.

Wie haben diese Erlebnisse Trudi verändert? Heute, nachdem ihre Söhne herangewachsen sind, widmet sie ungeheuer viel Zeit und Energie dem Wohl anderer. Ich bin überzeugt, daß die Kraft, die sie in diese Freiwilligenprojekte investiert, ein Erbe ihrer Erlebnisse im Getto und in den Lagern ist. Sie hat tiefe Narben an ihrer rechten Wade, und auch ihre Seele trägt die Spuren des Erlebten: Sie neigt zu Schlaflosigkeit, und eine Stimme aus einem Lautsprecher kann sie sofort wieder in das Getto von Kowno versetzen.

Heute ist Trudi Birger eine angesehene Bürgerin Jerusalems, Ehefrau, Mutter und Großmutter. Doch in der Nacht wird sie wieder zu der kleinen Trudi Simon, die sich an ihre Mutter klammert, um nicht sterben zu müssen, und die ihr dann hilft, am Leben zu bleiben.

SERIE PIPER

Tadeusz Borowski

Bei uns in Auschwitz

Erzählungen. Nachwort von Andrzej Wirth. Aus dem Polnischen von Vera Cerny. 280 Seiten. SP 258

Diese Erzählungen Borowskis – 1963 unter dem Titel »Die steinerne Welt« erstmals erschienen – gehören zu den beklemmendsten Zeugnissen des zwanzigsten Jahrhunderts. Einer, der das Inferno der Konzentrationslager erlebt hat, berichtet über Bedrohung und Versuchung, Angst und Hoffnung. Die Einmaligkeit von Borowskis Werk besteht nicht nur darin, daß er die Greuel der Vernichtungslager mit literarischen Mitteln zu beschreiben versucht – ganz und gar eigenständig ist auch die Konzeption der Tragik, die einen Unterton von scheinbarem Zynismus, scheinbarer moralischer Indifferenz bedingt.

Lawrence Sutin

Eine Liebe im Schatten des Krieges

Aus dem Amerikanischen von Barbara Heller. 320 Seiten. SP 2650

Die berührende, authentische Liebesgeschichte der beiden jüdischen Partisanen Jack und Rochelle ist zugleich ein Bericht über den alltäglichen Überlebenskampf im polnischen Untergrund. Beide kamen aus angesehenen jüdischen Familien einer Kleinstadt in Ostpolen, lernten sich auf einem Tanzfest in den dreißiger Jahren kennen und trafen sich im Winter 1942 unter völlig veränderten Umständen wieder: Unabhängig voneinander war es ihnen gelungen, dem Hunger und dem Terror des Ghettos zu entfliehen und sich in den nahen Wäldern zu verstecken. Sie überlebten, drei Jahre kämpften sie gegen die ständige Todesgefahr – und ihre Liebe half ihnen dabei.

»Seine große Aufrichtigkeit macht dieses schonungslose, berührende Buch zu einer wirklichen Bereicherung der Holocaust-Literatur.«
The New York Times Book Review

Elisabeth Endres

Edith Stein

Christliche Philosophin und jüdische Märtyrerin. 309 Seiten mit 12 Abbildungen. SP 2704

»Elisabeth Endres ist eine exzellente Biographie gelungen, sehr anschaulich geschrieben, mit bemerkenswert breiter Sachkompetenz. Mit intellektueller Brillanz und Anmut erreichte sie hier das Einfache, das (deshalb) so hochkompliziert in der Bewältigung ist.«
Münchner Merkur

»Die Geschichte einer Frau aus einer preußisch-jüdischen Familie, die, hochbegabt, sich der Philosophie zuwendet, zum Christentum konvertiert, in ein Kloster eintritt, nach Holland ausweicht, aber von den Schergen des Dritten Reiches erreicht und in Auschwitz ermordet wird. Es ist auch die Geschichte einer besonderen philosophischen Begabung, der aber Habilitation und akademische Karriere verwehrt bleiben: die Geschichte einer doppelten Diskriminierung, als Jüdin und als Frau.«
Neue Zürcher Zeitung

Ruth Elias

Die Hoffnung erhielt mich am Leben

Mein Weg von Theresienstadt und Auschwitz nach Israel.
Mit einem Nachwort zur Taschenbuchausgabe.
342 Seiten mit acht Abbildugnen.
SP 1286

Ruth Elias hat in diesem Buch nach Jahrzehnten des Schweigens die Geschichte ihres Überlebens in Theresienstadt und Auschwitz erzählt, aufgeschrieben für ihre Enkel. Nach dem deutschen Einmarsch in ihrer mährischen Heimat als Jüdin verfolgt, wird sie zunächst nach Theresienstadt deportiert, 1943 nach Auschwitz, wo es nur noch um das nackte Überleben geht. Sie sieht, wie Tausende ihrer Mitgefangenen verhungern, zu Tode gequält, vergast werden. Hier bringt sie ein Kind zur Welt – und tötet es, als der KZ-Arzt Dr. Mengele Experimente an ihm durchführen will. Viele haben versucht, Auschwitz – »das Unverständliche, das niemand verstehen kann« (Elias) – zu schildern, es »anderen« nahezubringen. Soweit dies überhaupt möglich ist, ist es in diesem Bericht gelungen.

SERIE PIPER

Jeremy Josephs mit Susi Bechhöfer

Rosas Tochter

Bericht über eine wiedergefundene Kindheit. Aus dem Englischen von Michael Hofmann. 191 Seiten mit 17 Fotos. SP 2944

Als es Nacht über Deutschland und die Judenverfolgung unübersehbar geworden war, beschloß 1939 die englische Regierung eine besondere Hilfsaktion: Über 10000 jüdische Kinder durften ohne Visum aus Deutschland einreisen – mit Namensschild, Notgepäck und Kuscheltier kamen sie in London an. Susi Bechhöfer und ihre Zwillingsschwester Lotte, drei Jahre alt, waren unter ihnen. Jahrzehnte später erst fand Susi den Mut, die Spuren ihrer Herkunft zu suchen.

Im Mai 1939 kamen die dreijährige Susi und ihre Zwillingsschwester Lotte mit einem Kindertransport, der 10000 jüdischen Kindern das Leben rettete, aus Deutschland nach London. Die beiden Mädchen wurden von einem kinderlosen Baptisten-Ehepaar aufgenommen, das die jüdische und deutsche Herkunft der Kinder verheimlichte und sie als eigene Töchter ausgab. Fünfzig Jahre später: Lotte ist inzwischen gestorben, und Susi glaubt, die einzige Überlebende zu sein. Da erfährt sie plötzlich von ihrer jüdischen Herkunft. Über Suchanzeigen kommt sie in Kontakt zu einem ganzen Zweig der Familie, der mittlerweile in New York lebt. Und in Leipzig taucht unverhofft eine Halbschwester auf. Nach dieser glücklichen Familienzusammenführung muß sich Susi aber noch einer schmerzhaften Aufgabe stellen: der Suche nach dem Schicksal ihrer Mutter, die damals in Deutschland zurückbleiben mußte.

»Ein erschütterndes, nichts beschönigendes Zeitdokument, das der Leser, einmal begonnen, nicht mehr aus der Hand gibt.«
Münchner Merkur

SERIE PIPER

Jeanne Hersch

Das philosophische Staunen

Einblicke in die Geschichte des Denkens. Aus dem Französischen von Frieda Fischer und Cejatan Freund. 354 Seiten. SP 1059

Selten zuvor haben Menschen so dringlich nach dem Sinn ihres Lebens gefragt, haben sie angesichts der Entwicklungen der Gegenwart vor so schwerwiegenden Entscheidungen gestanden. Das Bedürfnis nach philosophisch-gedanklicher Durchdringung dieser Probleme ist weit verbreitet. Es fehlen jedoch die Ausdrucksmittel, die Kenntnis möglicher philosphischer Standpunkte; es fehlt vielleicht jene geistige Beweglichkeit, die aus der Beschäftigung mit den Gedanken und Einsichten der großen Denker herrührt. Diesem Mangel versucht die Genfer Philosophin Jeanne Hersch abzuhelfen. Ihr Buch, das sich bewußt an ein philosophisch interessiertes allgemeines Publikum wendet, verfolgt drei Ziele: Es möchte mit den großen Epochen der Philosophiegeschichte bekanntmachen, die Werkzeuge philosophischer Reflexion bereitstellen: Begriffe, Denkschemata, Problemstellungen. Vor allem aber möchte es den Leser dazu bringen, das schöpferische Staunen der großen Philosophen denkend nachzuvollziehen und die Gegenwartsfragen philosophierend aufzugreifen.

SERIE PIPER

Politik und Zeitgeschichte

Brigitte Hamann

Hitlers Wien

Lehrjahre eines Diktators. 652 Seiten. SP 2653

Brigitte Hamann auf Spurensuche in Hitlers Wien. Niemand hat bisher eine derartige Fülle von zeitgenössischen Quellen ausgewertet. Die Autorin ist damit zu *der* Expertin für Hitlers frühe Jahre in Wien geworden. Ihr Buch ist die umfassendste Biographie des jungen Hitler und zugleich das Porträt einer Stadt, die ihm verhaßt war und in die er 1938 als Triumphator zurückkehren sollte.

»Die Lektüre des Buches ist ein erstaunliches Erlebnis. Unbewußt ertappt sich der Leser zunächst dabei, Verständnis für das schmächtige Bürschchen aufzubringen, das sich mittellos in einer Großstadt wie Wien durchs Leben schlagen muß, einer Stadt, die der Einwanderung aus dem Osten kaum Herr wird – die Ernüchterung bleibt aber nicht aus. Brigitte Hamann entfaltet das Soziogramm der Habsburg-Metropole, beschreibt die Bevölkerungsschichten (Österreicher, Deutsche, Slawen, Ungarn, Ruthenen, Böhmen u.a.), eruierte die Mietpreise und Lebenshaltungskosten, sogar Hitlers Monatseinkommen, führt uns das Leben in dieser Stadt plastisch vor Augen. Als deprimierendes Fazit bleibt der Gedanke, daß nicht, aber auch gar nichts von Hitlers politischen Wahnvorstellungen ein Eigenprodukt war. Nicht nur in diesem Sinne war Hitler der größte Betrüger dieses Jahrhunderts.«

Süddeutsche Zeitung

»Dieses Buch wird unentbehrlich sein für die künftige Hitlerforschung, die nun überhaupt erst richtig einsetzen kann – eine Herausforderung nicht nur für Zeithistoriker, sondern ebenso für Soziologen, Politologen und Psychologen.«

Karl-Heinz Janßen. Die Zeit

Friedemann Bedürftig

Taschenlexikon Karl V.

247 Seiten. SP 2870

In seinem Reich ging die Sonne nicht unter: Karl V. (1500–1558) ist eine Schlüsselfigur am Ausgang des Mittelalters. Als Kaiser verkörperte er das Ringen zwischen Beharrung und Aufbruch und brachte die Kaisermacht noch einmal zu ungeahnter Entfaltung.

Taschenlexikon Bismarck

240 Seiten. SP 2593

Hundert Jahre nach dem Tod des »Eisernen Kanzlers« hat seine Figur nichts an Faszination verloren. Freilich stellen wir Bismarck nicht mehr auf den Sockel, wie es zu seiner Zeit üblich war. Und doch bewundert jede Generation erneut Weitsicht, Energie und politisches Gespür dieses Geschichte-Machers. Seine Gestaltungskraft, sein souveränes Jonglieren mit den Mächten, aber auch sein entschiedener Wille zum Frieden sichern ihm ungebrochenes Interesse.

Taschenlexikon Deutschland nach 1945

Mit einem Vorwort von Kurt Sontheimer. 459 Seiten mit zahlreichen Abbildungen. SP 2495

»Dieser enzyklopädisch erfahrene Publizist gibt hier begrifflich genau und biographisch anschaulich Auskunft über die vergangenen fünf Jahrzehnte. Sein Rückblick reicht von der Besatzungszeit bis hin zur Wiedervereinigung samt ihren Folgen.«
Frankfurter Allgemeine Zeitung